【巻頭グラビア】

奈良県桜井市にある箸墓古墳［読売新聞提供］

日本書紀によれば、崇神天皇の在位中、祖父の姉にあたる倭迹迹日百襲姫（ヤマトトトヒモモソヒメ）を葬るために築造されたと伝えられている。墳丘長280メートルの巨大古墳であって、最古級の前方後円墳と考えられている。

大阪府堺市にある仁徳天皇陵［読売新聞提供］

仁徳天皇陵は、墳丘長486メートルで最大、墳丘体積でも最大の前方後円墳である。大山古墳ともよばれている。百舌古墳群中の主墳である。右上にみえる前方後円墳は、全国第三位の大きさを誇る履中天皇陵（石津丘古墳）である。

岡山県総社市にある造山古墳［読売新聞提供］

造山古墳は、墳丘長342メートルで全国第四位の巨大古墳である。陵墓古墳ではないので、立入りは自由。古代吉備勢力の強大さを象徴している。

卑弥呼は前方後円墳に葬られたか

邪馬台国の数理

小澤　一雅　著

雄山閣

目次

はじめに

本書の主題は、あの邪馬台国である。

わたしが長年にわたり前方後円墳を考えつづけてきた中で芽ばえた邪馬台国のイメージを起点にして、近年になってから集中的に邪馬台国の探究にとりくんだ。ここへきて、一つの試論として本書をまとめることにしたのである。

「邪馬台国のイメージ」と表現したが、その内容は、断片的なアイデアや直感的な予想などが混じりあった混沌体とでもいうべきものであって、文書にしたり説明したりといったレベルにはほど遠いものであった。じっさい、正面きって邪馬台国論にチャレンジする気など毛頭なかったし、多忙な日常業務の合間をぬって、以前から慣れ親しんできた研究課題のいくつかを考えつづける日々をふつうに過ごしていた。

どんな仕事もそうだろうが、研究でも長年親しんできたテーマをそのまま継続していくのは比較的負担がすくなく、効率的である。つまり、基本的な知識の枠組みがしっかりとできあがっている上に、思考回路もそれなりにできあがっているからである。余計な徘徊をすることもなく、問題に立ちむかうことができるわけで、それなりの成果が得られる確率も高い。いわゆるプロフェッショナルの境地といってもよいだろう。

一方、知的好奇心から、従前とは趣向のちがったテーマに惹かれることも研究者ならよくあることだろう。しかし、そのテーマに本格的にとりくむことになるのは、いくつかの条件がそろった場合にかぎられる。冒険に立ちむかう覚悟の問題といってもよい。じっさい、ちがったテーマをやるには、新たに多くの知識を吸収する必要があるが、それを実行する覚悟がなければならない。「余計な徘徊」も覚悟しなければならない。腰をすえて思索をめぐらすことができる、心の余裕も不可欠だ。研究テーマのジャンルにもよるが、まとまった研究費が必要になる場合もあるだろう。

わたしの場合、邪馬台国問題にとりくむ覚悟ができたのは、やっと還暦の歳になってからであった。やや遅きに失した感はあるが、いまおもえば、人生における偶然にあらためて感謝せずにはおられない。それまで、まさかやれるとは夢想だにしなかった、魅惑的なテーマに、門外漢としてひとりで立ちむかおうとする情熱が沸々とわいてきたのだ。じっさいに着手してみると、やはり、予想を超えるむつかしい局面に出あうことも多かった。問題の核心とはちがったところを徘徊することもしばしばあった。

考えてみれば当然だ。

邪馬台国問題とは、多くの重要なピースが欠落した状態で、巨大なジグソーパズルの完成形を推測するようなものだからである。ふつうに考えると、正解のない問題を解こうとしているかのようにみえるだろう。よくいえば、独創的思考力や想像力がものをいう世界といえなくもないが、どちらかといえば、妄想にとりつかれたドン・キホーテの世界とみられるのがせいぜいだ。

いや、だからこそ、やりがいがあるのだ。そう考えたのである。

本書は、ひとりの門外漢が一念発起してとりくんできた邪馬台国探究の要点を、わかりやすく書き下ろした要約版である。現時点までの中間報告といった方が適切かもしれない。もちろん、不完全で未熟な部分を残しているとはおもうが、骨子として、日本古代を合理的に探究するひとつの道すじをしめすことができた、と考えている。

古代史や考古学など、伝統的な分野で著されてきた、多くの邪馬台国論の末席をけがすことになるとはいえ、まったく異なった視点で書いた一冊の邪馬台国論を世に問うことができるのは、理系学徒のひとりとして、じつに得がたい幸運にちがいない。

邪馬台国、あるいは日本古代に関心をもつ読者諸兄からみて、もし、本書中に多少なりとも評価していただける部分があるとすれば、わたしの望外のよろこびである。

平成二十一年早春

小澤　一雅

序　章　邪馬台国を数理で読み解く

前方後円墳から邪馬台国へ

日本の古代は、多くの謎に包まれている。

わたしは、前方後円墳という、古代の王墓の特異なかたちの謎に長年とり組んできたが、これひとつとりあげても十分に謎が解けたとはおもっていない。謎は依然として残っているが、一方でいくつか新しい発見もあった。前方後円墳のかたちの中に潜むおもしろい数理的な法則をみつけることができたのである。こうした法則はわたしの古代探究に大いに役立っている。

本書は、数理的な方法を軸にして日本古代の解明にとり組んできたわたしの研究の中間報告といってもよい。邪馬台国については、かなり明瞭にその輪郭がみえる段階にたどり着いたとおもっている。

日本古代を読み解くための基礎になるものは、まずは文献史料である。加えて考古学的な知見も不可欠である。では、史料と考古学データがそろっていれば、日本古代がすぐ読み解けるのか、というとそうではない。邪馬台国問題をとりあげてみても、いまだにピンポイントの話ばかりで核心部に切り込めない、いわば〝隔靴掻痒〟状態が続いている。

三世紀に活躍した卑弥呼の墓を大和地方の前方後円墳のどれかにあてはめる話もよく耳にする。邪馬台国畿内説である。が、そうだとしても、四世紀に歴然と姿をあらわす大和政権（大和朝廷といってもよい）とそれがどのように接続していくのか、わずか百年足らずの間のことであるにもかかわらず、説得力をもった核心の物語りが聞こえてこない。

何かが不足しているのだ。わたしはそう考えていた。

ひとつたしかなこととして、〝数理〟の不足が考えられる。史料と考古学データがそろっていても、分析する方法自体に不足があると、本来見えるものも、みえてこない。ここでいう数理とは、歴史における数値情報の役割を重視し、これを積極的に活用する方法論をさしている。

いわゆる理系人間であるわたしが古代に関心をもつようになったのは、前方後円墳の不思議な形に興味をもったことがきっかけである。もう三〇年も前のことである。

前方後円墳の形態研究というテーマをかかげて、新しい研究法を具体的に実践した。このとき、数値計算にコンピュータを用いた。当時、考古学研究にコンピュータを応用するという事例が日本国内で皆無だったので、わたしの研究は大いに注目を集めた。

ふり返ってみると、注目された理由は、どうもわたしの研究内容や研究法がどうこうということではなく、考古学にコンピュータを応用したという一点だけにあったようである。

考えてみれば無理もない。

当時は、いまほどコンピュータが普及している時代ではなかった。だれでもそれを使える状況でもなかった。一般人の認識でいえば、コンピュータは〝最先端の万能機械〟、あるいは〝人間を超える能力をもった知能機械〟といった存在でもあったのである。コンピュータはまことに〝高貴な〟機械であって、それに手を触れるどころか、見たことさえない人がほとんどだった。

笑い話だが、「コンピュータがこういう結果を出している」といわれると、もはやだれしも文句をいえない雰囲気があったくらいである。こういう雰囲気を「悪用した」とまではいわないにしても、積極的に便乗する風潮が目立っていた時代でもあった。

この時代に、たまたまコンピュータをつかえる場所にいたわたしが、いきなり前方後円墳の研究をはじめたわけだ。日本古代における重要なモニュメントである前方後円墳を研究するにあたって、ご指導をいただいた末永雅雄先生や上田宏範先生をはじめ、多くの人々のご支援をいただきながらのスタートであった。こうした人々との幸運な出会いについては小著（『前方後円墳の数理』、雄山閣、一九八八年刊）にくわしく述べている。

前方後円墳の形態研究といっても、それだけやっていれば満足な結果が得られるというわけではなかった。それをとりまく考古学や歴史学の諸問題について、すこしずつ学び、考えていくという習慣ができていったのである。それはいまも続いている。

とくに、前方後円墳の出現にいたるまでの日本古代とはいかなる時代であったのか、はるか古代の復元に想いをめぐらす時間が多くなっていった。もちろん、邪馬台国がその中で重要な部分をしめていたことはいうまでもない。

本来、わたしの研究法の新規性はどこにあったかといえば、数理にもとづく情報学的分析にこそあって、コンピュータはその道具にしかすぎなかったのだ。コンピュータを利用したことだけをとりあげた世間の批評に抗するため、わたしは小著のタイトルをあえて〝前方後円墳の数理〟としたのである。

数理にもとづく探究

古代を考えるにつれ、歴史を読み解く上でもっとも決定的な役割をはたす情報とは、やっぱり数値なのだということが次第にわかってきた。もっとも重要な数値は年代である。たとえば、卑弥呼が魏に遣使したのは二三九年。この年代が邪馬台国問題のすべての起点になっている。いってみれば当然のことなのだが、古代の探究に手を染めはじめて数値情報のもつ重みというものを再認識することになったのである。

年代はもっとも重要であるが、そのほかにも重要な数値情報がたくさんある。本書では、天皇の崩御年（天皇崩年）、三韓の王の崩年、古代の人口、および前方後円墳の体積などを主要な数値情報としてとりあげ、それらを軸にしながら邪馬台国を追っていく。

天皇崩年は重要な年代の一つである。『古事記』と『日本書紀』（以下、記紀と略記）に記載されている天皇崩年はさまざまな事績の年代を考える基準になるものであるが、残念ながら記紀の天皇崩年すべてをそのまま信用できないのは周知のとおりである。

日本書紀によれば、神武天皇の崩年は紀元前五八五年（丙子の年）としるされている。これをそのまま信じる人はすくないであろう。紀元前五八五年といえば、縄文時代から弥生時代に移り変わっていく過渡期の頃であって、大和に「政権」らしきものが姿をあらわすはるか以前の年代になってしまう。

年代という数値を信じることができない場合、そこから発展してこの数値と結びついている史料中の関連情報のすべてが信用できないとされることもよくある。いわゆる〝オール・オア・ナッシング〟、すなわち、誤りをおそれるあまりの安全策だが、むべなるかなという気がしないでもない。ただ、なにもかも安全策でいくとなると、史料が豊富な時代ならともかく、史料が限られている日本古代の探究では、絶対的な情報不足に陥ってしまうおそれがある。邪馬台国問題において、いまだに〝隔靴搔痒〟状態が続いている原因のひとつは、いってみればこうした過剰な安全策がもたらした情報不足にあると考えてもよいだろう。

史料中の年代が信用できない場合、安全策をとってすべての関連情報をボツにしてしまうという、こうした消極的なやり方以外にもっと合理的で有効な方法はないのだろうか。

わたしはこの点について、必ずしも万能薬ではないにしても、他分野で用いられている手法をためしてみる価値はあると考えた。すなわち、数値（この場合は年代）を合理的に修正もしくは推定することができる数理モデルの探求である。

後章でくわしく述べるが、天皇崩年を推定する目的に使えそうな数理モデルを探していたとき、当初あまり成功を期待しないで、いわば半信半疑の中で試行したモデルが予想を超える精度をもつことが判明したのである。わたしはこれを「崩年モデル」と名づけた。

本書ではこの崩年モデルを用いて積極的に天皇崩年の修正を行っていく。これによって古代の年代軸が再構成され、いままで沈黙していた記紀がいきいきと古代の真実を語りはじめるのである。おなじく、朝鮮の史書『三国史記』についても、年代を積極的に修正することによって記事の情報的価値を高めることができた。とくに、新羅本紀に数多く記載されている倭に関する記事が、年代の修正によって、卑弥呼以後の倭を伝える情報として活用できるようになったのである。

古代の年代について、昨今、遺跡から検出された木片などの炭素系試料を用いた年代測定結果がニュースとしてしばしば報道される。小さな試料からいきなり絶対年代が本当にわかるのなら、まことに便利きわまりない。報道されている年代測定の原理としては、放射性炭素（C^{14}）の半減期にしたがう崩壊則や毎年の気候変化に影響される樹木の年輪幅の変動傾向などであるが、物理的測定一般に共通する誤差の必然性は、避けえない。いずれの手法にしても、さまざまな要因で大きな誤差変動が発生する可能性が高く、測定結果として発表される「年代」には、邪馬台国から前方後円墳の時代にいたる比較的〝短期間〟の古代を考えるのにふさわしい十分な精度と信頼性はないと考えている。

推古天皇の崩年は西暦六二八年。この数値にまったく誤差はない。測定値ではないからだ。記紀がしるす推古天皇の崩年干支は両書とも戊子年（六二八年）である。実際、推古天皇の頃まで時代が下ると、古代といっても記紀年代の信頼性は堅固なものになる。やはり、年代を確実に決めるものは文献史料をおいてない。

ただし、記紀年代も推古天皇の時代から時計の針を逆にまわして遡上していくと信頼性が急に低下するポイントがある。記紀両書がしるす年代（天皇崩年）が大きく乖離しはじめるポイントがあるのだ。允恭天皇の頃がまさにそのターニングポイントであって、これより以後推古天皇までは両書の天皇崩年に大きな差異はないが、逆にこれより古い時代へと遡上していくと両書の天皇崩年がいちじるしく乖離してくる。いずれも、勅命によって編纂された記紀ではあるが、このあたりの時代では両書のしるす年代が一致しないという事態が起こってくる。こうなると、記紀年代は信用できなくなる。もちろん、この時代に該当する崇神天皇の崩年も信用できなくなるわけだ。

さきに述べた崩年モデルは、そもそもこの時期の天皇崩年を合理的に推定するために導入したのである。ちなみに、崩年モデルから算定される崇神天皇の推定崩年は、ふつう古代史でよく用いられてきた古事記崩年三一八年（戊寅年）よりも新しい年代になる。わずか数十年程度の時間差ではあるが、これによって既成の古代観ががらりと変貌をとげることになる。当然、邪馬台国についても新たな視界が開けることになったわけである。

情報を総合的に活用する

邪馬台国の原点はそもそも魏志倭人伝にあって、そこにすべての基本情報がある。それから離れたところでいくら頑張っても邪馬台国は解けない。門脇禎二氏は最近の著書で「邪馬台国の問題は、魏志倭人伝を離れては考察できることではない」と述べている（『邪馬台国と地域王国』、吉川弘文館、二〇〇八年）。

たとえば、魏志倭人伝の末尾には有名な記事「卑弥呼以て死す　大いに冢を作る　径百余歩　徇葬する者　奴婢百余人」がある。門脇氏は、この記事から、卑弥呼の墓とされるものがあるとすれば、その近くに百余人の殉葬者の墓がなければならないと述べている。さらに、「径百余歩」という表現から、ごく素直にイメージできる墳形は「円形」であることも見落としてはならないだろう。

昨今、卑弥呼の墓が前方後円墳であるとする、魏志倭人伝から離れた〝思いこみ〟が目にあまる。門脇氏がいうように、百余人もの殉葬の痕跡のある大前方後円墳など、大和のどこにあるのだろうか。

基本史料たる魏志倭人伝に加えて、記紀や考古学などから得られる情報も有用である。必ずしも情報が豊富ではない中で、邪馬台国を解こうとすれば、魏志倭人伝をはじめとする関連史料や考古学データを、総合的に、もれなく活用しなければならない。どれを欠いても問題は解けないはずである。考古学だけで邪馬台国が解けるなどとおもうことがあるとすれば、それは、まったくの勘ちがいというべきであろう。

じつは、魏志倭人伝、あるいはもっと広げて『魏書』「東夷伝」には、重要な数値情報もたくさん含まれている。数理にもとづく探究のあり方として、当然こうした数値情報をこれまで以上にもっと重視した分析をしなければならないだろう。事実、里数で表される距離や倭の内部の「国」の戸数などに注目した分析から重要な知見が得られている。

コンピュータがいまやあたり前の家電製品になった。

文系の研究者もコンピュータを便利な道具として日常的につかう時代になっている。もはや、コンピュータそのものに昔日のニュースバリューはなくなった。それでは、数理を重視する研究も、コンピュータとおなじく歴史学に浸透したといえるだろうか。残念ながら答えは、否だ。天皇の活躍時期を統計的に推定した安本美典氏など、ごくわずかの事例を除けば、数理にもとづく歴史研究の話を耳にすることはめったにない。

わたしは、歴史学においても、人文科学一般においても、数理を含めた「情報学」が成立しなければならない時代だと考えているが、世の中ではまだまだ少数派に属する考え方だろう。

しかし、それはそれでよい。究極としてもっとも重要なことは、研究が数理的であれ何であれ、その成果として描かれる古代像が、十分な説得力をもって人々に受け入れられるかどうか、である。本書ももちろんその例外ではない。

第1章　古代を解く鍵はなにか

数値情報としての年代

古代を解明していく上で基本になる情報とは、だれが何をしたのか、どの天皇のときに何がおこったのか、など事蹟（事象）の情報であることはいうまでもない。みえにくいのだが、もうすこし仔細に考えると、じつは、こうした事蹟に付随している「数値」情報が古代を理解する上できわめて重要な役割をはたしていることがわかる。いや、決定的な役割をはたしている、といったほうがいいのかもしれない。

重要な数値として何があるかといえば、まずは年代であろう。卑弥呼が魏の洛陽に遣使したという事蹟の年代である二三九年が邪馬台国問題の重要な「定点」となっていて、これをもとにさまざまな論が展開されてきた。

すこし旧聞に属するが、一九七八年（昭和五三年）、埼玉県行田市の稲荷山古墳から出土した錆びた鉄剣に一一五文字の銘文が刻まれていることが、保存処理を委託された元興寺文化財研究所におけるX線撮影によってあきらかになった[1]。この鉄剣自体は、昭和四三年に行われた稲荷山古墳の発掘調査で銅鏡などとともに副葬品の一つとして出土したものであったが、十年後に錆の除去を含む保存処理が施されることになったわけである。

X線撮影によって偶然検出された金象嵌の銘文一一五文字が、古代史を読み解く上で、きわめて価値の高い情報を伝えたのである。画期的な情報であった。岸俊男、田中稔、狩野久三の三氏による銘文の訓読が当初発表され、話題をあつめた[2]。古代史家によって銘文の読み方に若干のちがいはあるようであるが、基本的に大きな差異はない。

銘文からわかる要点を書き出すと、左記のようになるだろう。

鉄剣をつくらせたのは、乎獲居（ヲワケ）の臣。辛亥年の頃、獲加多支鹵（ワカタケル）大王に奉事して治世を補佐しているという、自己の〝業績〟をその時点で記録に残したいという意図をもち、それを鉄剣に刻んだ金象嵌の銘文として、形にしたのである。

重要なことは、「辛亥年」という年代と、ワカタケル大王の在位が、むすびついた点である。ワカタケル大王とは、「倭の五王」の最後の一人であり、四七八年に宋に遣使した雄略天皇である。銘文の辛亥年に対応する西暦年は、四七一年である。古代大和政権を考える場合の、ひとつのメルクマールとして重要な雄略天皇の在位期間が、すくなくとも四七一年～四七八年頃としてしぼり込まれたことの意義は大きい。

「辛亥年」は考古学にも波及していった。鉄剣が出土した稲荷山古墳の築造時期が、すくなくとも四七一年以後になるという判定を起点として、関東地方における古墳時代の遺物・遺構の年代決定の明確な基準になっていったのである。このためだろう。いまやこの鉄剣は国宝に〝昇格〟している。

そもそも考古学における遺物の年代とは、例外を除いて、文献（鉄剣銘文のような金石文を含む）を根拠として決められるものであって、発掘された遺物それじしんから決まるものではない。一般に、出土品など個々の遺物に年代は記入されてはいないからだ。

ただし、昨今、出土した古代遺物の小さな断片を試料とし、それを物理的に測定して得られた「年代」がマスコミをにぎわせている事実がある。これが本当に可能であれば、文献に依拠せずに年代が決められる場合もありえるだろう。序章に書いたが、わたしの見解としては、わずか百年以内の、短い期間内の出来事にすぎない邪馬台国から大和政権にいたる古代を読み解くにあたって、こうした物理的な「測定年代」には、現在のところ十分な精度と信頼性はないと考えている。信頼性の向上にむけたさらなる研究の進展に期待したい。

たとえ話だが、日本書紀に建立年代が記載されている寺院の地下遺構から、あるタイプの土器が発掘されたとしよう。その土器タイプの製作開始年代は、寺院の建立年代より古いと判定される。つまり、土器にかかわる下限年代が日本書紀という文献の情報を根拠として決まるということだ。鉄剣銘文にある辛亥年が、稲荷山古墳の上限年代を決定したのとまったくおなじ論理である。きわめて合理的だ。

考古学がいう、さまざま事物の「年代」の根拠をつきつめていくと、このように、文献の年代情報にたどり着くといっても過言ではない。逆はありえないが。

考古学は遺物の相対的な新旧について論じることはできても、「西暦××年」というように絶対年代を決める場合には、どうしても文献の年代情報に根拠をもとめざるをえない事情がある。ただし、文献が伝える年代情報が、つねに信用できるとはかぎらない。文献の解釈が分かれて年代が変動することもある。こういった場合には、考古学上の「年代」もそれにつれて変動することになる。

いずれにせよ、文献史料が伝える年代という数値が、古代を読み解く上での支配的な決定因子であることはまちがいない。

箸墓古墳の年代

昨今、邪馬台国畿内説がさかんに喧伝されているが、その中で奈良県桜井市の箸墓古墳（巻頭グラビア参照）が卑弥呼の墓だという、八十年あまり前に唱えられた説が、一部で息をふきかえしているようだ。笠井新也氏が大正時代に唱えた畿内説である。

笠井氏は、魏志倭人伝の文献学的検討、および大和地方の遺跡に関する考古学的知見を総合して、畿内説をみちびいた。畿内説となれば、卑弥呼の墓は当然奈良につくられたことになる。笠井氏は、箸墓古墳こそそれだと主張したのである[3]。

魏志倭人伝には、卑弥呼が死んだあと「大いに冢（つか）を作る　径百余歩　徇葬する者　奴婢百余人」とある。箸墓古墳の後円部の直径は、わたしの計測によれば一六一メートルである[4]。一歩を適当なメートルに設定すれば、笠井氏が主張するように、「径百余歩」という記述と大きな矛盾はきたさない。こうした数値にもとづく説明は、なかなかつよい説得力をもっている。ただし、倭人伝の「径百余歩」という描写からごくすなおにイメージされる墳墓の形状は、あきらかに円形であって、「前方後円形」ではないことは、笠井説の難点の一つであろう。また、一歩の長さを適当に解釈すれば、後円部だけをみて「径百余歩」になる前方後円墳は、箸墓以外にも奈良にはたくさんある。これらの中から箸墓古墳一基にしぼりこむには、さらにもうひとつの論拠が必要になる。

私見だが、この「もうひとつの論拠」こそ、じつは笠井説の真の核心であり、着想のそもそもの原点ではないかと推測している。ただし、次章では、これが誤った見解であることをあきらかにしているが、ここでは、笠井氏の論点を要約して紹介しよう。年代という数値が、ひとつの学説をつくるにあたって、主役を演じている典型的な事例だからだ。

日本書紀・崇神紀に箸墓古墳（大市墓）の築造についての記事がある[5]。「昼は人つくり、夜は神つくる」という有名な記事だ。すなわち、崇神天皇の在位中に、祖父の姉にあたる倭迹迹日百襲姫（ヤマトトトヒモモソヒメ）を葬る大市墓を築造した、という記事である。一方の古事記に箸墓に関する記事がいっさいない、というのは、奇異にも感じられるが、理由はわからない。

笠井氏が着目したのは、崇神天皇の崩年（崩御年）である。古事記と日本書紀は六〇年周期の干支で天皇崩年を表している（付録の干支年一覧表参照）。崇神天皇の崩年干支が両書で異なっている点も興味ぶかいが、ここではさておく。

笠井氏は、古事記の崩年干支（戊寅年）に注目した。古事記は編年体で記述されていないこともあって、年代情報が不完全なため、この戊寅年をただ一つの西暦年に対応づけることができない。そのため、候補になる西暦年は複数ある。もっとも広く採用されてきたのは、三一八年であるが、さらに六〇年くり上げると、二五八年になる。これも戊寅年である。氏は、この二五八年に惹かれたのである。

二五八年は、卑弥呼が魏に遣使した、二三九年からわずか一九年後である。魏志倭人伝の文脈から、卑弥呼が没したのは二四八年頃とみてよいだろう。崇神天皇が二五八年に没したとすれば、卑弥呼の死は、まさに崇神天皇の在位中か、即位直前の出来事になる。

日本書紀が伝える、神がかりで大規模な箸墓築造の物語は、まさに卑弥呼の墓の築造にふさわしい。笠井氏はそう考えて、卑弥呼＝倭迹迹日百襲姫という等式を着想した。わたしはそう推測している。卑弥呼が「鬼道を事とし、能く衆を惑わす」と魏志倭人伝が伝えていることと、日本書紀にある倭迹迹日百襲姫の呪的な伝承との対比などについて、氏はいろいろ言を重ねている。が、笠井説の根元は、なんといっても崇神天皇の古事記崩年干支・戊寅年を二五八年と解釈した一点につきるとおもう。年代という数値が、笠井説の成立に決定的な役割をはたしているのは、まずまちがいない。

人口―もうひとつの数値情報―

これまでに、年代という数値の重要性をみてきた。古代を読み解くにあたっては、年代以外にも重要な数値がある。そのひとつは、人口である。人口といっても、古代の日本列島に生きていた人間の生物学的な個体の総数のことではなく、古代政権の支配下にあった人口のことである。支配人口といってもよい。

人口は、邪馬台国の時代から古墳時代へと時代が移り変わっていく中で、年々単調増加していったとみられる重要な数値である。卑弥呼の時代と仁徳天皇の時代とをくらべてみて、いったい何がちがうのかといえば、もっとも大きなちがいは人口なのだ。二つの時代の土器のちがいに意味がないとはいわないが、人口のちがいにくらべると、スケールの小ささは否めないし、古代を読み解く上での〝情報力〟も小さいようにおもわれる。

人口は、古代においては「国」力や軍事力の根源そのものである。卑弥呼の時代に不可能だったことが仁徳天皇の時代に可能になったことがあるとすれば、その理由は簡単であって、人口が飛躍的に増大したためとみてまちがいないだろう。

これまでの邪馬台国論において、多くは人口という数値を考える視点を欠いていたとおもう。本書では、年代という数値とともに、人口などの数値情報もできるかぎり重視しながら古代を追究していくことにする。

史料と情報的価値

魏志倭人伝や記紀（『古事記』と『日本書紀』）、あるいは『三国史記』（朝鮮の史書）などの文献史料がもっている情報的価値というものは、記載されている個々の記事についての情報的価値の総体として決まるものである。価値が高い情報とは、古代を読み解く上で有力な情報のことである。

記事の内容が史実とちがっている場合、「信用できない」とか、「信頼度が低い」、あるいは「誤差が大きい」などといわれる。こうした記事は、当然ながら情報的価値も低い。古代を読み解くのに役立たないからだ。

記事の情報的価値が高いための必要条件は、まずは誤差がすくないことである。

そもそも人間が行う記録というものは、いつでもどこでも不完全であり、偶然であれ恣意的であれ、必ず誤差をともなうものである。文献に記載されている個々の記事を一つずつ吟味し、そこから情報的価値をもつ内容を、ていねいに抽出していくこと以外に古代を解きあかす方法はない。

長い時間スケールでみてみると、記録（あるいは記録物）というもののあり方は動的であって、一次記録から二次記録へ、さらに三次記録へと、つぎつぎと写されていくものだと考えた方がよいだろう。もちろん、紀元前一八〇〇年頃のハムラビ法典の金石文が現存していて、楔形文字の解読によってその内容が現代に直接伝えられているといった特異な例もあるにはある。が、記録の多くは、つぎつぎと転写をくり返されてきた結果として、いまに伝えられていると考えた方がよいだろう。

転写がくり返されたといっても、仔細にみるとそれは決して直線的ではなく、途中で別のルートによる記録が新たに加えられたり、それによる修正や改変が加えられたりするなどの複線的な様相も混じっているにちがいない。新しい誤差の混入も十分ありうる。

現存する魏志倭人伝にしても、記紀にしても、さまざまな複線的な様相を含んだ転写の産物といってもよいだろう。記紀の編纂では、先行する『帝記』や『旧辞』などの、現存していない〝先行記録〟を転写しつつ、再構成されたものと推測されている[5]。

記録に誤差が生じる可能性についていえば、出来事が発生した時点と、記録された時点との時間的な隔たり、つまり記録の時間差だけに影響されるのではない。同時代の記録であっても、重大な誤差を多量に含んでいる文献は、現代でも往々にしてみられる。逆に、時代が隔たっていても、誤差が小さい記録もすくなくない。

そもそも情報的価値というものは、むしろ、記録者がいかに緊張感をもって記録したのかに関係するとみた方がよいだろう。ここでいう緊張感とは、みずから書いた記録が他者による検証に耐えうるかどうかという、記録者の緊張感である。緊張感をもってことにあたれば、誤差の発生もすくなくなるだろう。こう考えると、記録の時間差よりむしろ、「距離差」の方が、誤差の発生に強い影響を及ぼすのではないだろうか。

すなわち、出来事の発生した場所と記録が行われた場所が近ければ、「記録」が他者によって検証される確率は一段と高くなるが、遠く離れていればその心配はすくない。現代でも外国の教科書における日本の紹介記事には、実態とはかなりちがった記述が行われている事例が多々みられる。

距離差のある記録においては、たとえ時間が経過しても、混入した誤差の修正をうながすチェック機能も働かないし、その動機も生まれない。いわば〝書き放題〟や〝書きっぱなし〟状態のまま放置される可能性が高いわけである。

記紀は、おおむね国内のことを国内で記録した、距離差の小さい記録である。一般論として、記録の誤差は、小さいとみてよいだろう。一方、魏志倭人伝でも距離差の小さい記録はある。卑弥呼の使者が魏の洛陽にやってきたという「現地」記録である。これはおそらく誤差がもっとも小さい記録と考えてよいだろう。さらに、伊都国に滞在したとみられる、魏使張政らの実体験情報にもとづいた記録部分も、誤差はそう大きくないと考えられる。

その一方で、倭のさまざまな情景に関する叙述などには、伝聞にもとづいて書かれたとみられる部分も多い。三国志の編者陳寿にとって、倭は距離差の大きい場所であり、記録者として、とくに緊張感もなく〝気楽〟にいくつかの先行記録や伝聞を転写しただろう。こうなれば、誤差も大きくなるはずだ。

したがって、魏志倭人伝中のすべての叙述部分の誤差が、まったくおなじレベルにあるわけではない。誤差が大きい部分も、小さい部分もあるはずである。ていねいな取捨選択が必要になるだろう。

一方、ひとつの史料にある記事が、別の史料との照合によって、情報的価値が一段と高まることもある。照合にあたってしばしば〝目印〟になるのは記事に含まれる〝キーワード〟であるが、それは人物であったり、事件であったり、年代であったり、と具体的な事例によって、当然ちがったものになってくる。

稲荷山古墳の鉄剣銘文と、『宋書』倭国伝に記録されている倭王武に関する記事との照合では、武＝ワカタケル大王（雄略天皇）という人物が、照合のキーワードになっている。鉄剣銘文にある、「辛亥年」が五世紀中の四七一年と判定されたのは、武の遣使が四七八年と宋書に書かれていることが主な根拠になっている。この照合を通じて、二つの記事の情報的価値が一層高くなったといわれている。銘文にある、ワカタケル大王が磯城宮で政務を執ったという記述も、信憑性をおびてくることになるわけだ。

古事記と日本書紀

本書でも「記紀」とひとくくりにしているが、本来両書の成立の背景はかなりちがう。古事記は、よく知られているように、七一二年（和銅五年）、太安万侶によって元明天皇に奏上された書物である。一方、日本書紀は、舎人親王らの撰で、八年後の七二〇年（養老四年）に完成した「正史」であって、『漢書』など、先行する大陸の史書の体裁を模倣した、編年体をとり、漢文で書かれている。両書のちがいについては、すでに専門的見地からの多くの論考がある[5]。その詳細は専門家にゆずるとして、もっとも大きなちがいは、事蹟を記述するスタイルのちがいである。

日本書紀は、事蹟の記述をそれぞれの年代順に配列して記述する編年体を採用している。一方の古事記は編年体をなしていないし、個々の事蹟について、それがいつのことなのか、一応の〝年代〟がみちびける。したがって、多くの年代情報が欠落している。というより、編纂時に不明であった情報は、単に記載していないだけと考えた方がよいだろう。

これに対して日本書紀では、『漢書』など、先行する史書とおなじく、整然とした編年体を追求しようとしたため、どうしても年代が必要だった。もし年代が不明ならば、むりやりにでも〝推定〟して埋めていく、という方針をとったと考えられる。後章でもとりあげるが、允恭天皇以前の古代天皇の時代における記紀の年代情報は、いずれも信用できないと考えている。なお、表1・1に、記紀に記載されている古代天皇の崩年干支と対応する西暦年をしめしている。

さて、記紀の史料的価値はどうかといえば、古代の記述に限れば、学界における評価は必ずしも高いとはいえない。

記紀の史料的価値について、独自の視点で徹底的な検討を加えたのは、津田左右吉氏である。津田氏の研究論文は、全三三巻の大部におよぶ『津田左右吉全集』（岩波書店・一九六三年）に収録されている。氏の研究は、記紀にかかわる分野のみならず、儒教や仏教などの思想史にまで及んでいる。

第一巻～第三巻および別巻第一にある、記紀に関する論考の感想を率直にいえば、論旨がとらえにくい独特の文体であって、難解である。「文献批判」という文言がくり返し唱えられているのも印象的である。とくに、記紀の神代の物語に関しては、これとからめながらきびしい批判が行われている。

記紀は、ともに神代とよばれる天地開闢の物語からはじまるわけであるが、ここではまさに「神々」の活躍が述べられている。有名な「天の岩戸」の逸話もその一つである。記紀の記述は、こうした神代からさらに「人代」へと進んでいく。神代から人代への変わり目に位置しているのが神武天皇である。

表1・1　歴代天皇の崩年［20］

		古事記		日本書紀	
天皇諡号	代	崩年干支	西暦年	崩年干支	西暦年
神武天皇	1			丙子	BC585
綏靖天皇	2			壬子	BC549
安寧天皇	3			庚寅	BC511
懿徳天皇	4			甲子	BC477
孝昭天皇	5			戊子	BC393
孝安天皇	6			庚午	BC291
孝霊天皇	7			丙戌	BC215
孝元天皇	8			癸未	BC158
開化天皇	9			癸未	BC98
崇神天皇	10	戊寅	318	辛卯	BC30
垂仁天皇	11			庚午	70
景行天皇	12			庚午	130
成務天皇	13	乙卯	355	庚午	190
仲哀天皇	14	壬戌	362	庚辰	200
神功天皇				己丑	269
応神天皇	15	甲午	394	庚午	310
仁徳天皇	16	丁卯	427	己亥	399
履中天皇	17	壬申	432	乙巳	405
反正天皇	18	丁丑	437	庚戌	410
允恭天皇	19	甲午	454	癸巳	453
安康天皇	20			丙申	456
雄略天皇	21	己巳	489	己未	479
清寧天皇	22			甲子	484
顕宗天皇	23			丁卯	487
仁賢天皇	24			戊寅	498
武烈天皇	25			丙戌	506
継体天皇	26	丁未	527	辛亥	531
安閑天皇	27	乙卯	535	乙卯	535
宣化天皇	28			己未	539
欽明天皇	29			辛卯	571
敏達天皇	30	甲辰	584	乙巳	585
用明天皇	31	丁未	587	丁未	587
崇峻天皇	32	壬子	592	壬子	592
推古天皇	33	戊子	628	戊子	628

記紀の記述は、おおむね時間の流れに沿って進行する。したがって、神代を、その記述内容の真偽はともかくも、人代に先行する時代であると読むのは不自然ではない。おそらく、記紀の編者もそのように読まれることを意識して書いたと考えてよいだろう。

津田左右吉氏は、こうした神代の読み方にきっぱりと異を唱えている。氏は神代についてつぎのようにいう。

「歴史を遡って上代にゆく時、いつまで行つても人の代は依然たる人の代であつて、神の代にはならぬ。神代が観念上の存在であつて歴史上の存在でないことは、これだけ考へても容易に了解せられよう。（中略）神の代が昔の人の代であるならば、神の代という特殊な観念の生ずるはずがない。神代は上代といふのとは全く違つた観念であり、歴史上の或る時代を指すのではない。神代が、学問上、史前の時代と呼ばれてゐる時代などでないことはいふまでもない。史前の時代、または先史時代、は事実上、われわれの祖先の閲歴して来た時代であつて、その点では歴史時代と同じであるが、神代は観念上の存在であつて、事実上の或る時代ではない」（第一巻）

津田氏は、説話と伝説のちがいを強調する。津田氏のいう説話とは、簡単にいえば作り話のことであり、伝説とは歴史的根拠のある物語をさす。氏はいう。

「記紀の説話を初から伝説であると決めてかゝるのは、記紀を、漠然ながら、歴史的事件の記録と見るところから導かれたものであろうが、記紀をさう見ることは単なる因襲にすぎず、何等学問的の論証を経たものではない。記紀にさう書いてあるとか、昔からさう信ぜられてゐるとかいふことは、学問的には意味がないのである。学問は疑からはじまる。疑つて後、疑ふべきものと疑ふべからざるものとを、学問的方法によって、甄別《けんべつ》しなければならぬ」

津田氏は、こう述べて記紀の上代史における多くの物語を歴史的事実とは無関係の説話だとして切り捨てていく（別巻第一・「古事記及び日本書紀の新研究」）。しかし、わたしが読むかぎり、氏が個々の物語を説話であると断定していく場面では、「学問的論証」はいっさい行われていないとおもう。記紀の物語を、最初からすべて説話として決めてかかった上で、個々の物語について、だれにでもわかる明らかな矛盾点や非現実的な描写部分を指摘しつつ、氏が抱く〝想い〟や感情を微に入り、細にわたって書きつづっているだけである。これは学問的論証といえるものではない。津田氏の記紀に関する論考は、建て前として唱えられている「文献批判」や「学問的方法」に実体があるのではなく、個人的な感情にもとづく記紀批判を個性的な文体でつづった思想作品とみるのが妥当ではなかろうか。津田イズムとよんでもいいだろう。

もし、津田イズムにしたがうならば、あの箸墓古墳が女性墓であるという根拠も消失する。すなわち、日本書紀の崇神紀にある倭迹迹日百襲姫と大物主神との物語も非現実的な描写を多く含んでおり、歴史的根拠のない説話としてばっさり切り捨てられている。この物語が作り話ならば、その中にある箸墓古墳の「由来」もすべて作り話ということになる。卑弥呼＝倭迹迹日百襲姫を唱え、箸墓古墳を卑弥呼の墓とみなす笠井新也説の根拠も、これで完全に消失してしまうわけだ。

津田イズムは、記紀の上代史を構成している多くの物語を、このように歴史的根拠のない説話として切り捨てる。このようなやり方が、本当に合理的なのだろうか。わたしには、どうしても、そうはおもえない。

記紀の物語は、現代の視点からみれば、あきらかに「神がかり」気味の、非現実的な描写部分が多い。それを文字どおり、そのまま事実として信じる人は、まずいないだろう。しかし、そうした物語のどこかに、何らかの歴史的事実が反映している可能性をさぐることは、決して無意味ではないし、むしろそうしてこそ、史料が決して豊富ではない日本古代をなんとか読み解くことができるのではないだろうか。わたしはそう信じている。

こうした考え方についても、津田氏は否定的である。

「新井白石の如く、非合理な物語を強いて合理的に解釈しようとし、事実と認め難いものに於いてむりに事実を看取しようとして、甚だしき牽強付会の説をなすに至ったのである」（第一巻）として、非合理な説話を、たとえば「比喩」

として解釈しようとする動きや、説話の中に歴史的事実の残映をさぐる姿勢をはっきり批判している。

しかし、その一方で、日本武尊の物語については、「イヅモタケルの名を以てイヅモの勢力を代表させ、それを、同じいひ表はし方の名を有されるヤマトタケルの命が征討せられたやうにしたのであつて、一種の類想から構成せられたものらしい」（別巻第一）と述べ、まさに比喩的な解釈を試みている。津田氏にとってやや自己矛盾のきらいはあるが、やはりこういう読み方、つまり比喩的な解釈でもいいし、ほかの方法でもいい、物語の背後にある歴史的事実を、なんとしてでもさぐっていこうという姿勢。これこそ古代を読み解くために必要とされるものではないだろうか。

津田イズムがいう「文献批判」の実体には、われわれがごくふつうにやっている記紀の読み方を超えるものはじつは何もない、というのが実感である。くり返し唱えられる「文献批判」という文言は、つまるところ、津田イズムを象徴する〝呪文〟にすぎないといってもいいだろう。

ここで付言しておきたいことがもうひとつある。記紀の読み方において、津田イズムが数理的な視点を欠いていることである。たとえば、百歳を超えるような古代天皇の長い寿齢を記紀が記載している点について、数理的な考察を行った形跡はいっさいみあたらない。ただ、そうした非現実的な寿齢が、古代天皇の実在そのものを疑う根拠になるかのような感想が述べられているだけである。

記紀は、まぎれもない立派なわが国の古代の記録である。

前述のように、すくなくとも国内の事蹟に関するかぎり、「距離差のない」場所における記録である。そういう意味で誤差も平均的にはさほど大きくないと考えてよい。記紀の編者がありもしない物語をいきなり創作したという話もあるが、同一場所における記録であるという点でみれば、そういう話自体がありもしない空想にすぎない。

後述するが、日本古代は、われわれが先入観で考える以上に、情報の流通が活発であったと考えなければならない。記紀が完成すれば、いわば白日のもとに公開されることがわかっていたわけであって、編者にとって〝書き放題〟が許されるような環境では決してなかった。編纂においては、先行記録（口伝を含む）がいくつかあって、それらを選択的に転写していく作業が中心だったろう。もし、自由裁量の余地があるとすれば、おそらく年代を操作することぐらいであったとおもわれるが、それにしても先行記録と矛盾しないよう高度の配慮をめぐらせたにちがいない。

記紀は、それが記録である以上、多かれすくなかれ、必ず誤差を含んでいる。誤差のタイプはさまざまあろうが、それを乗り越えることによって、はじめて古代の真実にせまることができるはずだ。このとき、本当の意味でのテキスト・クリティーク（文献批判）が求められることになるだろう。

前方後円墳 ― 記紀と考古学の橋渡し ―

前方後円墳は、わが国の古代を象徴するモニュメントである。仁徳天皇陵はその巨大な例である（巻頭グラビア参照）。千五百年前に形づくられた、ユニークで整美な前方後円形が、いまは大阪の堺市上空を通過する定期便の飛行機の窓からも視認できる。築造時には、上空から眺めることはできなかったにもかかわらず、いまなお墳丘が完璧な左右対称形を維持していることに感嘆する。エンジニアのはしくれであるわたしにとって、こうした整美な前方後円墳を築造した土木工学の技術水準の高さに、まさに脱帽である。

緻密な「ものづくり」と先端技術を誇るわが国ではあるが、技術に対する日本人の真摯な姿勢のルーツを前方後円墳にみる想いを禁じえない。前方後円墳は、まさに現存する最古のメイド・イン・ジャパンである。

前方後円墳は、現存するものだけでもおよそ五千基を超え、北海道と沖縄を除く日本列島のほぼ全域に分布している。最北端は岩手県にある角塚古墳であり、最南端は鹿児島県の塚崎三九号墳である。よく知られているように、仁徳陵など、大型古墳が集中している奈良県と大阪府あたりが、分布の中心である。

墳丘の規模にも大小があるが、デザインとしての前方後円形も仔細にみていくと、斉一ではなく、微妙なちがいがある。こうした前方後円墳の形のちがいに興味をもったことが、わたしの研究の起点になっている。後章でくわしく述べるが、前方後円墳の形を数理的に分析することによって、じつに興味ぶかい事柄がつぎつぎとあきらかになったのである。

そのひとつは年代観である。たとえば、墳形の微妙なちがいを数値（たとえば、後円部径に対するほかの部位の寸法の比率など）で表せるように工夫すると、築造年代と墳形の関係が数値化できるようになるのである。ただし、ここでいう築造年代とは、もちろん絶対年代ではない。あくまで古墳の新古を序列化する〝相対的な〟年代である。

こうした築造年代を推定する決め手になるものとしては、墳形のほかに、埴輪の新古や埋葬形式の新古などがある。つまり、前方後円墳という墳墓には、さまざまな「もの」が関係しているわけであって、その中で新古の変化があると考えられるものは、すべて年代推定の決め手になりうるわけだ。考古学的には、こうした複数の〝決め手〟がしめすそれぞれの年代を総合的に勘案して、前方後円墳の築造年代が推定されることになる。したがって、どれを重視するかによって、結果も変動するわけで、考古学者によって、おなじ古墳でも年代観がちがうことはよくある。

遺物としてまれなことだが、〝年代〟が記入されている副葬品が、前方後円墳からしばしば出土する。銅鏡である。

邪馬台国とからんで、いつも話題になるのは三角縁神獣鏡であるが、これが魏でつくられた鏡なのか否か、の論争があることも周知のとおりである。このテーマも後章で再度とりあげるが、仮に魏鏡であったとしても、製作されてただちに古墳に埋納されたわけではない。そもそも大陸製の銅鏡が九州に上陸して以後、最終的に列島各地の前方後円墳に埋納されるまでの間に、相当な時間が経過しているとみなければならない。後漢時代の鏡などもよく出土するので、一般に数十年～数百年の時間差を考えなければならない。

前方後円墳の副葬品として製作年がわかる銅鏡が出土した場合、客観的にいえることは、製作年がその古墳の築造年代の、はるかな上限を与えているというだけであって、築造の絶対年代を決めるものではない。

さきに、考古学は遺物の相対的な新旧について論じることはできても、絶対年代を決める場合には、どうしても文献の年代情報に根拠をもとめざるをえない、と書いた。もし、文献の年代が解釈によって変動した場合、考古学の年代もそれにつれて変動せざるをえない。逆はありえない。絶対年代に関していえば、完全に考古学が従属的なのである。

それでは、前方後円墳の絶対年代を決める文献の年代情報はあるのだろうか。答えは、厳密にいうと、「ノーではない」としかいいようがない。はっきりイエスといえない中途半端な答えであるが、その辺の事情を、すこしかいつまんで説明しよう。

記紀には、天皇の崩年と陵墓の場所が記載されている。なにも問題がなければ、陵墓である前方後円墳の絶対年代は、崩年に近い年代としてほぼ決定できることになる。こうして前方後円墳の絶対年代が決まれば、それに付随するさまざまな古墳時代遺物の年代も、トップダウン的に決まっていくことになる。年代決定に関して、まさに前方後円墳が、考古学と記紀との橋渡しを演ずるということである。

しかし、話はそう簡単ではない。さきに書いたように、允恭天皇以前の、記紀記載の天皇崩年には問題がある。場所の記述についても今日的にはあいまいさがあり、正確な地点を特定できない場合もすくなくない。

たとえば、崇神天皇の場合について考えてみよう。

崇神天皇の崩年は、日本書紀では紀元前三〇年になる。これは論外であろう。一方、古事記崩年干支は戊寅年であって、これに対応する西暦年として広く採用されてきた三一八年、あるいは笠井新也氏が用いた二五八年などがある。結論からいうと、いずれも妥当性を欠いているといわざるをえないのである。こうなると、後章で述べる新しいアイデアを導入しないかぎり、崇神天皇の崩年はまったく確定できないわけである。

崇神天皇の陵墓の場所についても問題がある。古事記には、崇神天皇の陵墓は山辺の道の「勾《まが》りの岡の上」にあると記載されている。これが今日的な地理でいうと、どの地点を意味するのか、必ずしも明白にしぼり込めるわけではない。現行の崇神天皇陵治定の由来は、明治時代、こうしたあいまいさの中で、ひとつの判断として、山辺の道の近くにある大型の前方後円墳（行燈山古墳）をそれと選定したことによる。決してあいまいさが消失したわけではないのである。当然、この治定を疑う論もある[6]。

崇神天皇の場合、特別なアイデアをこらして、仮に正しい崩年が推定できたとしても、肝心の陵墓がどの前方後円墳なのか、がわからないとすれば、考古学への橋渡しもままならない。

疑いだせばきりがないが、宮内庁による陵墓の治定に、まずまちがいないだろうという前方後円墳もあるにはある。こうした前方後円墳は、考古学と記紀との橋渡しになる可能性をもっている。わたしは、大阪にある応神天皇陵、仁徳天皇陵、履中天皇陵などがそうした前方後円墳の例だと考えている。

天皇陵あるいは皇后陵など、被葬者が記紀に記載されている人物であって、陵墓がどの前方後円墳なのかが右記のように判明している場合、残る問題は被葬者の崩年だけである。正しい崩年がわかれば、その前方後円墳はまさしく考古学と記紀との橋渡しを演ずることになる。

天皇崩年という年代は、こういった面でもきわめて重要な役割をはたす基礎的な数値情報である。それにもかかわらず、これまで記紀の数理的な分析が行われないままの、あやふやな状態の中で長年にわたって延々と〝上滑り〟の議論が続けられてきたわけだ。これでは邪馬台国がみえて来ないのも当然、といってもいいだろう。

年代基準としての崇神天皇の崩年

陵墓がどの前方後円墳なのか、という点ではあいまいさが残る崇神天皇ではあるが、古代を読み解く上で最重要なキーパーソンである。なぜかというと、まず、第一に、笠井新也氏の論に代表されるように、あの箸墓古墳と密接にかかわっている天皇だからである。もちろん、これは日本書紀・崇神紀にある三輪山伝承を一定の事実の反映であるとみる立場での話であって、すべてを作り話として切り捨てる立場に立つならば、箸墓が女性の墓であるという前提も、倭迹迹日百襲姫の存在もすべて雲散霧消し、桜井市にある巨大な前方後円墳の一つというだけになってしまう。さきに書いたように、こうした極端な情報の切り捨てによって古代が読み解けるとはおもわない。

第二には、これまで古代天皇の実在性についてさまざまな議論が行われてきた中で、崇神天皇は、多くの論者がすくなくとも一定の実在性をみとめてきた最古の天皇だという理由をあげたい。実在が広くみとめられているという点がキーパーソンとして重要な要件であって、論者によって意見がわかれる人物は、議論のベースにはなりえないからだ。

三角縁神獣鏡の同笵鏡配布説で有名な小林行雄氏も、「(卑弥呼が死んでから)約五十年のちの、崇神天皇の時代になると、もう前方後円墳はつくられたと考えられる」と述べ、前方後円墳がつくられる時期を崇神天皇の時代を基準にして説いている[7]。一方、井上光貞氏も、崇神天皇が実在の可能性のある、はじめての天皇であるとしている[8]。ほかにも、崇神天皇を実在する最古の天皇とみる論者は多い。

ここでいう「最古」とは、記紀にある天皇の系譜を新しい時代から古い時代へと、順々に遡上していきながら、それぞれの論者の視点で実在性を点検していったとき、実在の可能性がみとめられる最古の天皇は、第十代崇神天皇だということである。つまり、系譜上の順位でいう最古の意味である。ただし、崇神天皇よりあとの天皇が、すべて実在したとされているわけではない。たとえば、井上光貞氏は、成務天皇(十三代)や仲哀天皇(十四代)の実在をみとめていない。

このようにみていくと、やはり崇神天皇は、多くの論者の立場を超えて、まさしく古代における最重要なキーパーソンだとしてもおかしくない存在であろう。

それでは、崇神天皇は、絶対年代でいつ頃の天皇なのだろうか。

卑弥呼が没したのは、魏志倭人伝の記述から、二四八年頃と推定されている。卑弥呼の没年が絶対年代でほぼ確定しているのに、崇神天皇の絶対年代が確定されないまま、ただ「最古」の天皇というだけでは厳密な分析はおろか、具体的な話をすることすらできないであろう。じっさい、これまでの論者も〝適当な〟絶対年代を設定して自説を展開している。

代表的な事例をみてみよう。

笠井新也氏の場合は、さきに書いたように、崇神天皇の古事記崩年・戊寅年を二五八年と解釈した上での卑弥呼論を展開している。

小林行雄氏は、右記のように、「(卑弥呼が死んでから)約五十年のちの、崇神天皇の時代」と述べていることから、崇神天皇の活動時期を三世紀末以後とみている。これは、古事記崩年の戊寅年を三一八年としたことが根拠になっているとみてよいだろう。笠井氏の場合より六〇年くり下げたわけだが、この方が、むしろ広く採用されてきた実績をもつ解釈だ。

井上光貞氏は、ややこみいった計算をしている。井上氏は、応神天皇の在位年代を三七〇―三九〇年頃とした上で、「記紀の系譜をそのまま信用すると、応神から五代前が崇神天皇である。してみると、一世代を二十年として、崇神は二七〇―二九〇年ごろの人ということになるであろう」と述べている[8]。つまり、三世紀後半に活動した天皇とみているわけだ。その一方で、崇神天皇の古事記崩年の戊寅年は、あまり信用できないとも述べている。

さて、笠井氏と小林氏の設定した崇神天皇の絶対年代(崩年)は、ともに古事記の崇神天皇崩年干支を根拠としたものであるが、後章で述べる厳密な分析からすれば、笠井氏の二五八年も小林氏の三一八年も、いずれも妥当性を欠いたものとみなさざるをえない。

井上氏の場合、応神天皇の在位年代を三七〇―三九〇年頃とした根拠が不明であるが、わたしの推察はこうである。応神天皇の古事記崩年干支は、表1・1にしめしているように、甲午年であって、広く採用されてきた西暦年は三九四年である。右記のように、井上氏は一世代を二十年と考えているから、応神天皇の在位年代は三七四―三九四年と算定される。井上氏は、応神天皇については、古事記崩年を根拠にしているようである。

井上氏の推定において重要な役割をはたしているのは、「一世代二十年」という数値であるが、その根拠はまったく述べられていない。おそらく、数理的な根拠のないまま、生活感覚でもって二十年という数値を用いているのではないだろうか。もし、これを十年としてみれば、おなじく応神天皇から測って崇神天皇の活動時期は四世紀前半後葉にまで下ることになる。

天皇の在位年数の統計分析で有名な安本美典氏の計算でも、平均十年程度である[9]。井上氏がいう、一世代二十年は、やはり適正とはいえないだろう。したがって、「崇神は二七〇―二九〇年ごろの人」とする、井上氏の計算結果も、当然妥当性を欠いたものといわざるをえない。

非常にあらっぽくいえば、崇神天皇の主な活動時期の年代として、三世紀前半とみるのが笠井新也氏、三世紀後半が井上光貞氏、三世紀末以後が小林行雄氏、ということになる。みごとにバラバラである。

三世紀の卑弥呼を首長とする女王国が、後の大和政権と具体的にどのような関係をもつのかは、邪馬台国問題における重要な課題のひとつである。これまでの論者は、はっきりした見解をしめさないまでも、これを強く意識していたことはまちがいないとおもう。

大和政権の系譜を遡上していったとき、〝多数が合意できる〟最古の時点が、崇神天皇の頃だとしてきた。ここから女王国との関連を見ようとするなら、崇神天皇が絶対年代でいつ頃の天皇なのかという一点は、まさに問題の核心である。ここをあいまいにしたまま、邪馬台国をいくら議論しても〝上滑り〟をくり返すだけで、長年の隔靴掻痒状態を脱することはできないであろう。

崇神天皇は、古代の年代基準というべき存在である。まさに、キーパーソンなのだ。崇神天皇の絶対年代は、これまでのように軽々に考えるのではなく、徹底的な数理的分析を通じて、できるかぎり正しく決定すべき数値である。この数値のいかんによって、描かれる古代像はがらりと変わってしまうからである。

第2章　邪馬台国論争を数理的に再検討する

畿内説と九州説 ― 魏志倭人伝の数理と地理 ―

邪馬台国論争に、すこしでも関心のある読者は、畿内説と九州説のどこにちがいがあるのか、などについておよその知識はもっておられるとおもう。近年、佐伯有清氏が『邪馬台国論争』（岩波新書、二〇〇六年）を書かれた。同書は、佐伯氏の最後の著書となったが、百年以上にわたる邪馬台国論争について、それにかかわった論者たちの逸話もまじえながら、論争史の流れを、畿内説を軸にして平易に解説した名著である。

本章では、こうした論争史を再度たどるのではなく、論争における具体的な対立点を順次とりあげ、数理的な視点から再検討を加えていくことにする。

邪馬台国問題の原点は、魏志倭人伝にある。「邪馬台国」という国名も、「卑弥呼」という人名も、すべて魏志倭人伝の文中にはじめて現れた固有名詞である。約二千字の長文からなる魏志倭人伝には、そのほかにも多くの固有名詞が現れ、三世紀の「倭」をじつに詳細に叙述している。

邪馬台国を読み解くためには、邪馬台国に関する情報がぎっしりつまった、二千字の魏志倭人伝を〝座右の書〟として、つねに参照していかねばならない。歴史学者としての輝かしい人生の後半にさしかかってから畿内説を捨て、九州説に転向した門脇禎二氏は、『邪馬台国と地域王国』（吉川弘文館、二〇〇八年）の執筆中に逝去された。同書の中で、門脇氏は、「邪馬台国の問題は、魏志倭人伝を離れては考察できることではない」と述べている。

前章で述べたように、魏志倭人伝のすべての叙述部分がおなじレベルの信頼度をもっているのではなく、信頼できる部分と、誤差が大きく、信頼できそうにない部分とがあるとみなければならない。

魏志倭人伝で門脇氏が重視する内容は多いのだが、やはり信頼度が高いとみられる部分をとりあげている。ここでは、とりわけ数理と地理に関係している問題について、門脇氏の論点をふまえながら考えてみよう。

まず、第一に、とりあげたい問題は、畿内説と九州説が分かれる原因になった、よく知られている邪馬台国への道すじの問題である。

魏志倭人伝には、魏が管轄する帯方郡から邪馬台国にいたる旅程が詳細に記述されている。帯方郡の官衙は現在のソウル近辺にあったとみられるが、この旅程についての記述も詳細にみてみると、よくいわれているように、部分によって質的なちがいがある。つまり、九州にやってきた魏使張政たちの実体験情報にもとづいている記事と、彼らが伊都国に滞在中、倭人から聞いた伝聞情報にもとづく記事とのちがいである。

旅程の前半部は、朝鮮半島から九州北岸に比定される不彌国までの道程である。すなわち、朝鮮半島南端から、一海をわたること千余里で対馬国、さらに南へ、一海をわたること千余里で一大国（一支国）、さらに南へ、一海をわたること千余里で末盧国に到達。ここで九州島上陸であるが、末盧国から東南へ陸行五百里で伊都国、さらに東南へ陸行百里で奴国、さらに東行して百里で不彌国にいたる。前半部はここまでである。

後半部は、不彌国以降であって、邪馬台国への旅程も含まれている。すなわち、不彌国から南へ水行二十日で投馬国、さらに南へ水行十日、陸行一月で邪馬台国にいたる。さらに、斯馬国以下の二十一ヶ国があり、女王の境界はそこでつきる。その南方に、狗奴国があって女王に属していないという。くわえて、女王国の東へ海を渡って千余里で国々があり、皆倭種である、などの記述がある。

なお、帯方郡から女王国までの総距離は、一万二千余里であるという。もう一つの距離情報として、倭の地は周施五千余里ばかり、という記述もある。倭の地を、ぐるっと一周すると五千余里ほどの周長になるといっている。注目すべき記事である。

すくなくとも、前半部にあらわれる末盧国以下の国々を九州北岸地域とする見解は、畿内説、九州説を問わず、ほぼ定説化しているとみてよいだろう。

問題は、後半部である。

門脇氏は、畿内説の弱点として、後半部の起点である不彌国から南へ水行二十日で投馬国、という記述について、「南」を「東」の誤りとして、読み変えなければならない点をあげている。すなわち、後半部の邪馬台国への旅程は、原文では不彌国から南へ南へ、という方向づけになっており、不彌国を九州北岸とすれば、邪馬台国は九州島から一歩も出ないことになるからである。

そこで、畿内説は「南」を「東」に読み変えるわけだ。「水行二十日」という情報と組みあわせれば、なんとなく、九州の不彌国から瀬戸内海もしくは日本海沿岸経由で〝本州島の投馬国〟にいたる、という読み方ができそうな気がしてくる。

方位の問題を単純化していうと、このように南を東に読み変えれば畿内説、読み変えず南のままとすれば九州説ということになる。

ただし、方位の論争だけをいくらやっても、水かけ論になるだけである。もし、従前とはちがった視点から考察ができるなら、それは、やる意味があるだろう。たとえば、問題を数理的な視点で再検討してみるといった試みは、やってみる価値が高い。

邪馬台国への旅程、あるいは倭の地理的な範囲の記述において、「里」という長さの単位が用いられている。魏代の尺度法でいう一里は、約四〇〇メートル程度といわれているが、倭人伝における里数を現実の地図に対比させてみると、これを1／4程度に圧縮しなければ整合しない。たとえば、対馬国と一支国（壱岐）の距離が千余里、一支国と末盧国（現在の松浦市付近）の距離も千余里となっている。現在の地図でも、これら二つの距離はほぼ等しく、およそ百キロメートル程度である。倭人伝にいう一里とは、百メートル程度とみておけばよいわけだ。魏代の「公式の一里」とのずれがこのように起こっている理由はわからないが、現在の地図との対比から得られた一里＝約百メートルという実験的な換算が、実際の地理観とよく符合するなら、これを用いるのが合理的であろう。魏代の「公式の一里」とのずれが、なぜ起こっているのかについては、別途考えるべき課題であろう。

魏志倭人伝の旅程記事の信頼度についてであるが、さきに述べた前半部は、伊都国に滞在した魏使らの実体験情報にもとづいているという意味で、信頼度は高いと考えてよいだろう。とくに、里数を用いて数値的に表されている二地点間の距離は、右記のように、一里＝約百メートルと換算すれば、現在の地理と比べてもほぼ矛盾なく符合している意味で一定の情報的価値をもつと考えてよいだろう。

一方、後半部の信頼度はそう高くない。里数という客観的な数値が用いられず、「水行二十日」のような旅行日数でしか遠近を表現できていないのは、張政らが倭人から聞いた伝聞情報だけに依拠した結果と考えられる。「水行二十日」という数値は、かなり漠然としたものだ。仮に、畿内説によって九州北岸から、「東」に向かうとしよう。日本海ルートなら、水行二十日も行けば、出雲（島根県）を通りこして、舞鶴（京都府）か敦賀（福井県）あたりまでは、たしかに行くであろう。そこを「投馬国」とし、方位はさておき、さらに水行十日、陸行一月で邪馬台国というわけだが、これは大和（奈良県）よりもっと遠方に行く旅程としか考えられない。

一方、瀬戸内海ルートなら、水行二十日で但馬（兵庫県）あたりまでは行くだろう。そこを「投馬国」とし、ここでも方位はさておいて、水行十日、陸行一月を費やすとなると、やはり大和には行きそうにない（もっと遠方に行ってしまう）。

いずれのルートにせよ、邪馬台国を大和とするには、原文をさらに〝修正〟するか、かなり無理な解釈を強いる必要があるだろう。こんなことをいくらやっても不毛だ。

そもそも「水行二十日」という数値情報がいい加減だからだ。旅程記事の後半部における、旅行日数という数値情報は、まったく信用できないと考えるべきだろう。

「倭」の空間スケール

里数も、「水行二十日」といった旅行日数も、いずれも数値情報である。前章で書いたように、歴史における数値情報はきわめて重要な役割をはたすものである。反面、数値情報というものは、記録上の誤りも起こりやすいし、そもそも正確に記憶されにくいタイプの情報である。魏志倭人伝に記載されている、遠近に関する数値情報もこうした一般論の例外とせず、慎重に吟味すべきものであろう。

さきに述べたように、「水行二十日」といった旅行日数は、魏使が倭人から伝聞として得た情報とみるべきであって、信頼度はかなり低い。

里数による距離表現は、朝鮮半島南部沿岸から対馬までが千余里というように、よく知られた地点間の距離が具体的な数値（里数）で表されている。里数は、対馬から壱岐、壱岐から末盧国、さらに末盧国から伊都国を経て不彌国にいたる、各二地点間に与えられている。各国が現在の地図のどの地点に対比できるかについては、若干のあいまいさはあるものの、九州北岸の空間スケールを考えれば、現在の実距離と対比してみても全体として大きな矛盾はないとみてよいだろう。

門脇氏は、魏志倭人伝の解釈にあたって、『魏書』「東夷伝」に描かれている韓の地理的範囲も参照している[10]。す

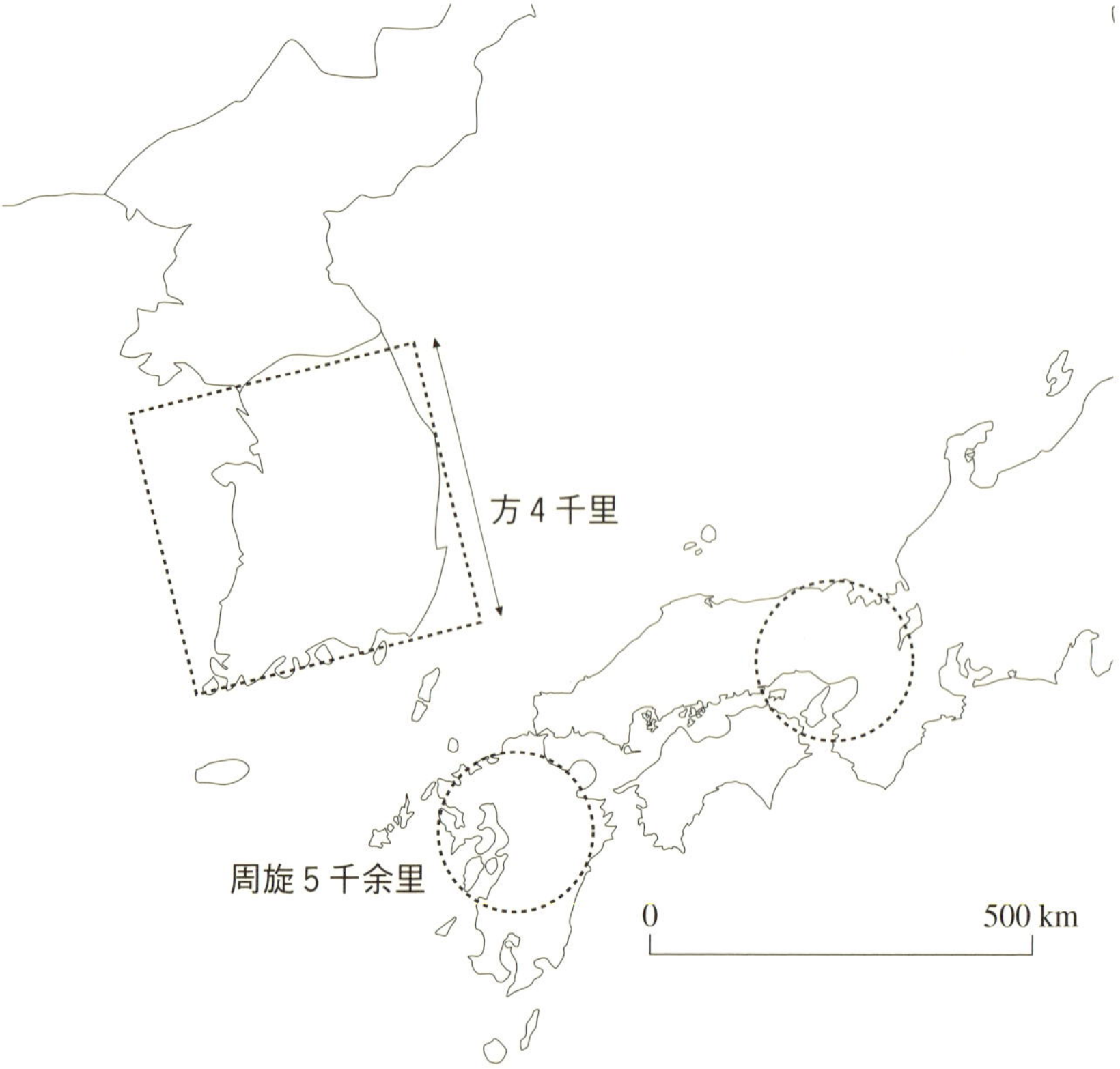

図2・1　倭と韓の空間スケール
（点線の範囲は、千里＝100kmとして描いている）

なわち、韓は、帯方郡の南にあって、東西は海を以て限りとし南は倭と接しており、その範囲は「方四千里」であるという。魏志倭人伝とは、そもそもこの陳寿の編になる魏書・東夷伝中の、倭人条のことである。

魏志・東夷伝に記述されている「方四千里」という、韓の空間スケールも、一里＝約百メートルとすれば、ほぼ正確に表現されていることがわかる（図2・1参照）。この「方」とは、四角形の一辺を意味していると考えるのが自然であろう。

倭人伝が、倭の地の地理的範囲を「周旋五千余里」と記述していることは、前節で紹介した。ここでいう「倭の地」には、文脈から、女王国から東に渡海した場所に位置する「倭種」の国などは含まれていないと考えてよい

［10］。

周旋五千余里という地理的範囲は、おなじく一里＝約百メートルの換算で描くと、九州北半部がやっと入る程度の範囲である（図2・1参照）。

門脇氏は、九州島西岸を西限とした場合、東限は岡山県あたりまでであって、奈良や大阪など畿内地域は含まない範囲だとしている。ただし、これは周旋五千余里を、最大限大きく見積もった例であって、九州島全体がなんとか包含される程度の範囲とみる方が、むしろ妥当と思われる。逆に奈良を中心に考えてみた場合、せいぜい「畿内」とよばれる地域が包含される程度の範囲であって、九州島を包含することなどありえない。

末盧国・伊都国・奴国・不彌国を、九州北岸に比定しながら、邪馬台国を大和にもってくる畿内説では、倭国の地理的範囲を、すくなくとも、畿内から九州まで包含する、きわめて広域なものとしなければならない。倭人伝のいうように倭国が周旋五千余里とすれば、これはとうてい成立しえない話である。

倭人伝には、よく知られている、「倭国乱れ、相攻伐すること歴年。乃ち一女子を共立して王となす。名付けて卑弥呼という」という有名な記事がある。いわゆる、卑弥呼女王の共立の話だ。

平野邦雄氏によれば、王の共立には首長層の合議が必要であって、倭国各地の首長がかなり密に協議を行う必要があるはずだという［11］。協議して妥協をはかった、あるいは共立をある程度の期間維持していたということは、首長たちが、たがいに近距離にいて随時協議していたことを暗示させる。倭国の範囲がもし畿内から九州にいたる広域に広がっているとすれば、首長層も広域に分散していることになる。平野氏は、「畿内ヤマトと九州の首長層という遠隔地域間において、そのような合議制の成立するはずはないであろう」と述べ、畿内説がとうてい成立しえない理由としてあげている。

日本列島南展論の出現

畿内説論者にしても、魏志倭人伝に記載されている邪馬台国への旅程の中で、「南」と書かれているところをいきなり「東」と読み変えることに、内心で抵抗感をもっている人々は結構多いのではないかとおもう。

一時期、こういう〝無理な〟読み変えをやらずに、畿内説を成立させようという論理が出現した。いわゆる日本列島南展論である。

日本列島南展論とは、魏志倭人伝の時代（三世紀）には、日本列島の地理的認識が九〇度狂っていた（東西軸ではなく南北軸になっていた）とする説であって、ある古地図を根拠としたものであったが、実証的な反論が行われたことによっていまでは説得力をうしなっている。倭人伝の時代には、日本列島の方位について、むしろ大陸側ではかなり正確に認識されていたと考える方が妥当なようである。

ここでいう、実証的な反論とは、弘中芳男氏の論考であって、日本列島南展論に対する的確な批判が展開されている［12］。

南展論が具体的な地理像としてしめされたのは、室賀信夫氏の論文「魏志倭人伝に描かれた日本の地理像」（『神道学』一〇号、一九五六）が最初であって、畿内説に感覚的・心理的な支援効果を与えたようである。室賀氏は、一五世紀に朝鮮で作成された世界地図「混一彊理歴代国都之図」に描かれた日本列島が、九州を北（上位）にし、本州が南へ向かってのびている状況を図的に紹介した（図２・２）。

すなわち、日本列島が時計回りに九〇度回転した状態で描かれているのである。室賀氏は、三世紀における大陸側からみた日本の地理像もほぼこれと類似なものと推測したわけである。これなら、「南」を「東」に読みかえる必要はなくなるわけで、畿内大和は九州からまさに「南」にあることになる。

図2・2　「混一彊理歴代国都之図」全体の概略スケッチ［12］

図2・3　三つの地図の形状の比較
（弘中氏の図版［12］より抽出・改変）

弘中氏の分析によれば、室賀氏の引用した古地図は、大陸の明から朝鮮にもたらされた「混一彊理図」と「声教広被図」をベースに、朝鮮の地図製作者が、これに朝鮮半島と日本列島を描き加えたものであるという。このとき、朝鮮に伝えられていた、「行基図」とよばれる古い日本地図が参照されたわけであるが、その行基図が、西を上位にして描かれたタイプであったため、方位を無視して、北が上位の世界地図の中に、そのまま転写されたとみられる。つまり、日本列島が九〇度回転した形で、挿入されたというわけである。

弘中氏は、国内に現存する、西が上位の行基図を複数（たとえば、「下鴨神社伝輿地図」や「南瞻部州大日本正統図（唐招提寺蔵）」など）紹介し、それが朝鮮製の「混一彊理歴代国都之図」の中の日本列島と形状がよく似ていることを例示している（図2・3）。朝鮮で、行基図をもとにしながら日本列島を描き込むとき、瀬戸内海部を陸地として描いてしまったので、四国島がなくなるなど、形状が一部ちがっている[12]。

面白いのは、朝鮮の地図家が、明からもたらされた世界地図に、朝鮮半島と日本列島を挿入するにあたって、朝鮮を大きく描き、日本を格段に縮小していることである。一五世紀のナショナリズムの反映なのであろうが、この結果、倭人伝が文字で伝える日本列島の地理像とは、まったく異なったものになってしまったのである。

よく知られているように、倭人伝は「倭人は、帯方の東南大海の中に在る」という一文ではじまる。つまり、倭は帯方郡の東南方向にあると明確に述べているのだ。もし、「混一彊理歴代国都之図」に描かれた地理像にしたがうならば、帯方の東南方向の大海中には、倭人どころか、だれもいないことになる。ただ海があるだけだ。

日本列島を時計回りに九〇度回転すれば、九州からみて畿内大和が「南」にくる点だけは都合がいいかもしれないが、逆に、倭人伝が伝える九州北岸地区の末盧国・伊都国・奴国・不彌国などの方位関係を、現実の地理にもどすためには、今度は九〇度逆に回転しなければならないことになって、新たな矛盾が発生する。

たとえば、倭人伝は末盧国から東南方向に、陸行五〇〇里で伊都国にいたるというが、これが日本列島を九〇度回転させた結果のことであるなら、現実の地理にもどすためには「東北」方向に変えなければならない。奴国からみた不彌国の方向にいたっては、原文の「東」を「北」にしなければ現実の地理とあわなくなるということだ。

南展論は、南を東に読み変えるという無理をせずに、畿内大和が、九州の「南」にあるという地理観を説明することはできるが、そのことによって新たな方位の矛盾をつくり出すことになってしまうのである。

一方、朝鮮製の「混一彊理歴代国都之図」における日本列島の方位が狂っているのみならず、それが恣意的に縮小して挿入されたことによって、朝鮮半島を基準とした場合の日本列島の空間スケールも、実体とは大いに狂ってしまった。倭人伝が、里数という数値で伝えている日本列島の空間スケールが、前節でとりあげたように、きわめて実体に近いものであることとまさに対照的である。

朝鮮側が日本列島についてどういう地理観をもっていたか、という点でいえば、三世紀の魏志倭人伝の時代がもっとも正確であって、それから時代が下るにつれ、次第に実体（現実の地理）とは遊離していったのではないだろうか。おそらく、倭人伝の時代には、海を越えて行き交う人々の交流が日常的であって、情報の流通もきわめて活発であった。こうした状況が、正確な地理像を描いている倭人伝の編纂にも反映したと考えてよいだろう。

ところが、七世紀後半になって、新羅が朝鮮半島の統一をはたした後になると、倭の影響力が消滅すると同時に、人々の交流も消え、朝鮮側とは〝没交渉〟といってもよい状態に陥ってしまう。この状態は、基本的には一五世紀まで（あるいは、それ以降も）続いたとみてよいだろう。その結果として、日本列島についての地理観が、図2・2にしめすレベルにまで劣化してしまったと考えられる。

日本列島南展論は、一五世紀以降ならありうる話だが、正確な地理観が成立していた三世紀の倭人伝の時代には、むしろありえない話なのである。

邪馬台国論と年代観

邪馬台国論争の、近代における端緒を形成した論者は、京大の内藤湖南氏と東大の白鳥倉吉氏である。内藤氏が畿内説、白鳥氏が九州説を提唱した。両氏以後、それぞれの立場に多くの論者が現れて、論争史を形づくってきた。本章の冒頭に紹介した佐伯有清氏の近著『邪馬台国論争』（前出）には、内藤湖南氏からはじまる畿内説の人脈を軸としながら、各論者の論点がわかりやすくまとめられている。

内藤湖南氏の論考を嚆矢とする、畿内説が構想された背景を、もっとも重要な数値情報である年代という視点から考えてみることにしよう。ここでは、内藤湖南、梅原末治、笠井新也、小林行雄各氏の所論をとりあげる。九州説については、橋本増吉氏の論考を中心にして、やはり年代という視点から検討をくわえることにする。

具体的には、各論者が古代天皇の年代、および天皇陵に代表される前方後円墳の年代を絶対年代でどのように認識していたか、という年代観をみていくということである。

つまり、卑弥呼が二三九年に魏の洛陽に遣使したという、魏志倭人伝の記事が決めている邪馬台国の絶対年代と、記紀にある古代天皇の年代を、論者がどのように関連づけて認識していたか、ということである。この認識は、邪馬台国を考えていく上での、まさに基盤になるものであって、これによって構想の基本的な成否が、ほぼ決まってしまうといっても過言ではない。

すでに述べたように、年代が狂っていると、描かれる古代像も事実とはかけ離れたものになってしまうからである。

内藤湖南氏と梅原末治氏の年代観

内藤湖南氏の有名な論考は、明治四三年（一九一〇年）に雑誌『藝文』に発表された「卑弥呼考」であるが、一九七〇年に出版された『内藤湖南全集』第七巻に全文が収録されている[13]。

内藤氏の「卑弥呼考」では、冒頭に「本文の撰択」という章をかかげて魏志倭人伝のテキストの考証を行っている。たしかに、魏志倭人伝といってもいくつかの異本があり、それらの比較検討から入っていくという姿勢に、文献史学のあるべき模範をみる思いがする。

さて、内藤氏は、畿内説における方位の読み変えについて、「（前略）故に余は此の南を東と解して投馬国を和名鈔の周防国佐婆郡玉祖郷（中略）に当てんとす」と述べ、「南」を「東」に読み変えて、投馬国を山口県周防地区にあてている。九州北岸から山口県周防地区まで到達するのに「水行二十日」はいかにも不自然であるが、これについての言及はない。

内藤氏は、よく知られているように、卑弥呼を垂仁天皇（十一代）の皇女であって、景行天皇（十二代）の妹である倭姫命とする説を唱えた。その根拠として、伝承における倭姫命と卑弥呼の役割の類似点をいくつかあげている。

しかし、こうした説明はあくまで〝後づけ〟の説明であろうと推測する。むしろ、内藤氏が倭姫命説を構想した背景には、景行天皇の年代を卑弥呼の年代に近いとみた判断がまずあったとおもう。天皇の年代観がまずありき、の推論と考えてよいだろう。

内藤氏は、「余は女王国が狗奴国と相攻撃せりといふによりて、其の時期を景行天皇の初年、熊襲親征の事に該当する者と断ぜんとす」と述べている。こうなると、内藤氏の邪馬台国論は、景行天皇の年代を、卑弥呼の活躍した三世紀前半（魏へ遣使した二三九年頃）とみる年代観にもとづいたものと考えてよいだろう。

これを裏づけるように、景行天皇に先行する崇神天皇（十代）の時代を、後漢書・東夷列伝にいう、二世紀末の「倭国大乱」の時期に相当するとしている。さらに「後漢以後の交通は余程頻繁なものであつて、其の時代に於ける支那の鏡鑑は至る所の古墳に発見せられ（中略）古墳の構造は益発達して支那石造塼造家屋を模した所の棺槨さへも具へる様になつて来て、これから以後六朝にかけては（後略）」とも述べている[13]。ここでいう古墳とは、各地の前方後円墳をさしているのはあきらかであろう。

右のようにみてきた内藤氏の年代観をまとめると、つぎのようになる。

（1）崇神天皇の年代を二世紀末と考える。

（2）景行天皇の年代を三世紀前半（二三九年頃）と考える。

（3）前方後円墳の発生年代も二世紀末以後と考える。

考古学者梅原末治氏は、内藤氏の系譜につながる畿内説論者である。梅原氏は、応神天皇陵、仁徳天皇陵、履中天皇陵という巨大前方後円墳の墳丘体積の比較論を発表したことでもよく知られている[14]。墳丘体積については、後章でとりあげる。

さて、梅原氏の古墳についての初期の年代観は、内藤氏のそれとほぼおなじであって、陵墓に代表される前方後円墳の発生年代を大陸の三国時代以前、つまり三世紀はじめ頃以前とみていた[15]。

この認識は、内藤氏の年代観をまとめた右記（3）と合致する。ただし、梅原氏は後年になって見解を修正されたもようである[16]。

梅原氏は、明治時代後半に活躍した富岡謙蔵氏の銅鏡研究を継承し、古墳出土の銅鏡について精力的に調査研究をおこなった。梅原氏の古墳についての右記の年代観は、出土する後漢鏡などの製作年代にもとづいたものとみられるが、前章で述べたように、銅鏡の製作年がただちに古墳の築造年代をしめすものではない。銅鏡がつくられてから、古墳に埋納されるまでの間に数十年～数百年の時間差を考える必要がある。今日的視点でいえば、銅鏡は、古墳の築造年代を決める、直接的な決め手にはなりえない遺物なのである。

梅原氏が古代天皇の年代をどうとらえていたかを推察するための、傍証になるひとつの事例がある。梅原氏は、応神天皇陵が応神天皇（十五代）の陵墓であるという前提のもとに、おそくとも応神陵を四世紀末の造営になるものとみている[14]。表１・１（二二ページ）にしめすように、応神天皇の古事記崩年干支は甲午年であって、三九四年である。おそらく、古事記崩年にもとづく年代観であろう。

前方後円墳と邪馬台国

陵墓を代表とする前方後円墳が、奈良県と大阪府を核とする「畿内」を中心として、全国に分布している状況はだれでも知っている。さらに、畿内が中心といっても、それが圧倒的な中心であることも当然知っている。したがって、前方後円墳が全国各地でつくられていた古代には、日本列島における政治的支配の中心、すなわち政権もまた畿内にあったはずだ。こう考えることについても、だれも異論をさしはさまないだろう。

問題は、ここでいう古代、つまり前方後円墳の時代が、絶対年代（西暦年）でいつ頃のことなのか、という一点につきる。つまり、女王卑弥呼の年代は、魏志倭人伝に記載されているとおり、魏に遣使した二三九年という定点から三世紀前半であることは明白である。したがって、前方後円墳の時代が、それより早くはじまっているのか、同時代なのか、あるいはおそくはじまったのか、という、すくなくとも三つの年代観がありえることになる。当然だが、それぞれによってちがった古代像が描かれることになる。

内藤氏と梅原氏（初期）の場合は、どうであろうか。両氏は、陵墓などの大型前方後円墳の発生年代をすくなくとも三世紀のはじめ頃とみていた。そうだとすれば、ひとつの古代像が描けるわけだ。

すなわち、卑弥呼の時代には、すでに政権が畿内にあったことになり、魏への遣使などの外交活動も、当然畿内政権が執行したと考えなければならない。卑弥呼が九州の「女酋」であるとした、江戸時代の解釈を例外とすれば、畿内と九州にそれぞれ政権が並立しているとは考えられない。九州にも大きな前方後円墳が各地にある。こうなると、卑弥呼は当然「畿内」にいたことになる。邪馬台国畿内説である。

しかし、内藤氏と梅原氏の年代観は、大きな矛盾を含んでいる。

応神天皇の崩年を、梅原氏のいう四世紀末（古事記崩年）としてみよう。応神天皇の実在は多くの歴史家がみとめているので、仮にこれを年代軸上の定点としよう。一方、おなじく実在がみとめられている崇神天皇の崩年を、内藤氏の年代観から二世紀末とすると、崇神天皇崩年〜応神天皇崩年の期間はおよそ二百年ということになる。記紀の天皇系譜からすれば、この間五代の天皇が在位したことになる。一代平均四〇年というわけだ。もし、この間に実在をみとめない天皇があるとなると、平均年数はもっと大きくなる。これはもう非現実的というより、荒唐無稽な数値といわねばならない。

ちなみに、日本史上、突出した最長の在位年数をもつ近代の五天皇（仁孝、孝明、明治、大正、昭和）の場合にしても、五代で一七二年にすぎない。二百年というのは、これをもはるかに超える年数である。

こうした明らかな矛盾を緩和しようとしたのかどうか、実際のところはわからないが、畿内説論者ではあっても、年代観にちがいをみせているのが笠井新也氏である。

笠井新也氏の畿内説と年代観

笠井氏の畿内説については、すでに一章でとりあげた。

その要点はこうであった。崇神天皇の古事記崩年干支・戊寅年を、ただ一つの西暦年に対応づけることができないため、候補になる西暦年は複数出てくる。もっとも広く採用されてきたのは三一八年であるが、さらに六〇年くり上げると二五八年になる。これも戊寅年である。笠井氏はこの二五八年を採用した。さきの内藤湖南氏が、崇神天皇を二世紀末としたのは、二五八年をさらに六〇年くり上げた、一九八年を戊寅年と考えた結果であろう。

二五八年は、卑弥呼の遺使二三九年からわずか一九年後であり、かつ、卑弥呼の没年（二四八年頃）から十年後である。卑弥呼の死は、まさに崇神天皇の在位中か、即位直前の出来事になってくる。ほぼ同時代である。

日本書紀・崇神紀にある大規模な箸墓造営の物語を、倭人伝にある卑弥呼の墓づくりの話と対比させて、笠井氏は卑弥呼＝倭迹迹日百襲姫という等式を着想したと考えられる。笠井説の根元には、崇神天皇の崩年を二五八年とする年代観があるわけだ。

それでは、この年代観は妥当といえるであろうか。検証をおこなうことにしよう。

検証の方法であるが、二五八年は古事記にある崩年干支を根拠としている点を重視した方法でなければならないだろう。つまり、古事記崩年干支という世界の中で、戊寅年＝二五八年という仮説の妥当性を検証するのである。

表1・1にあるように、古事記にはすべての天皇の崩年干支が記載されているわけではない。崇神天皇以降の直近でいえば、成務天皇（十三代）の崩年干支が記載されている。乙卯年である。表にしめすように、乙卯年＝三五五年という換算が一般的におこなわれてきた。

いま、ここに二つの問題がある。ひとつは、成務天皇の実在性である。井上光貞氏は、成務天皇の実在をみとめていない[8]。ただし、井上氏の見解は、成務天皇を別系統の人物におき替えるということであって、皇統からただ削除するという、単純消去法ではない。したがって、その代替者の没年を想定して検証すればよいことになり、後述の検証の有効性にまったく影響しない。

もう一つは、古事記崩年干支がかかえる例の問題であって、三五五年以外にも乙卯年の候補となる西暦年がありうる点である。じつは、後章での詳細な分析で明らかになることであるが、成務天皇の崩年は三五五年よりもっと後になることが判明している。したがって、これからおこなう検証にこの場合もまったく影響はない。

そこで、古事記崩年干支における仮の定点として、成務天皇崩年を三五五年としよう。

記紀が伝える皇統は、崇神、垂仁、景行、成務の順である。古事記は、垂仁天皇と景行天皇の崩年干支を記載していないが、崇神天皇の崩年がわかれば、垂仁・景行・成務三天皇の三代にわたる在位年数は計算できることになる。

笠井氏は、崇神天皇の崩年を二五八年としたわけだ。

そうすると、

三五五年 ― 二五八年 ＝ 九七年

であるから、垂仁・景行・成務三天皇の三代在位年数は九七年ということになる。

ここで検証しようとしているのは、この九七年が妥当な数値なのか、あるいはそうでないのか、という一点である。

検証の手順を説明しよう。

まず、記紀の崩年が信用できる古代天皇（允恭天皇）から昭和天皇にいたるまでの、すべての天皇の崩年（厳密には退位年）を基礎データとし、連続三代の在位年数をくまなく算出する。その結果をグラフ化すれば、天皇の三代在位年数の実態が歴然とする。図2・4がそれである。

この棒グラフの見方であるが、たとえば、明治・大正・昭和の連続三代を例にとると、この三代の在位年数一一二年

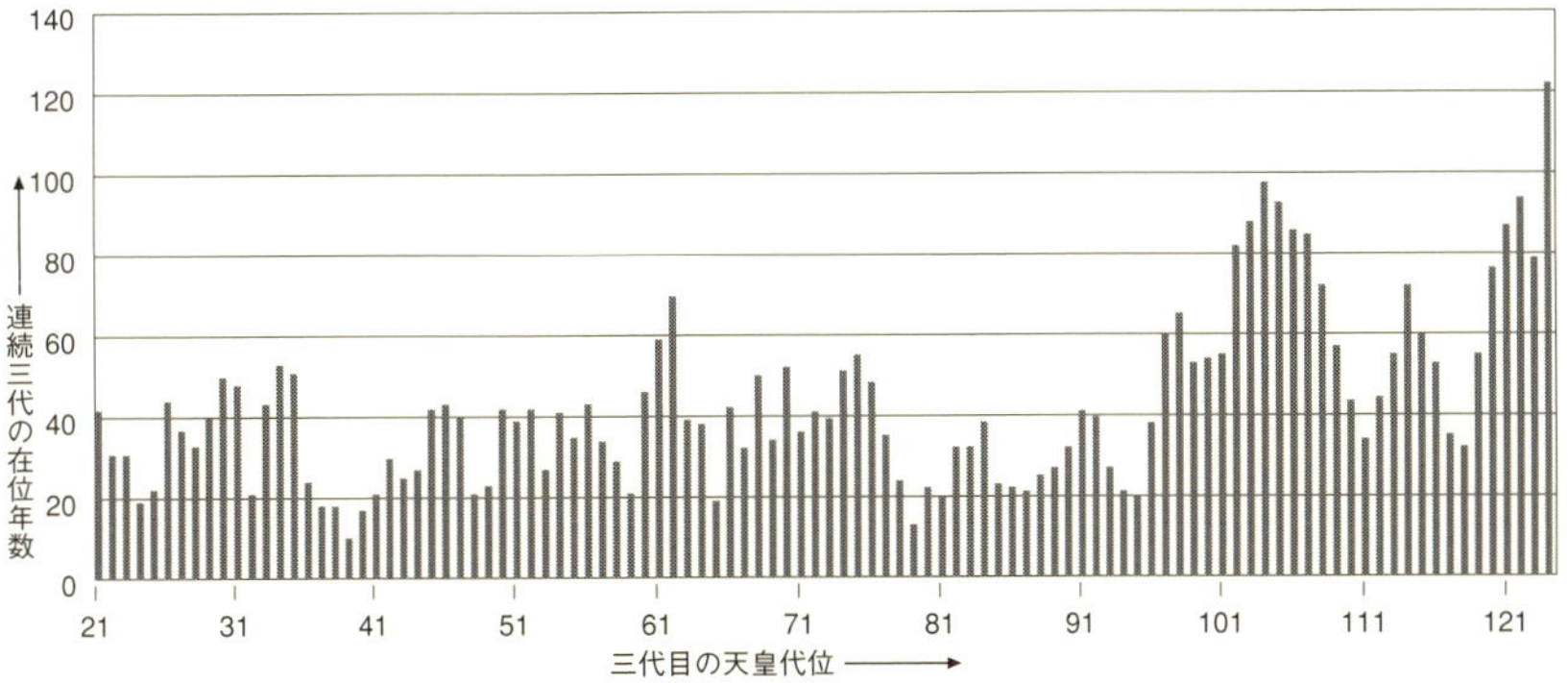

図２・４　三代の在位年数（允恭天皇～昭和天皇）

を昭和天皇（一二四代）が代表する年数として「棒」の高さを決めている。一代くり上げた、孝明・明治・大正の三代の在位年数七九年は、大正天皇（一二三代）が代表する年数とするのである。もっとも古代には、雄略天皇（二一代）が代表する、允恭・安康・雄略三代の在位年数四二年が、最左端の「棒」の高さになっている。

　このグラフをみれば、問題は一目瞭然であろう。たしかに、室町時代末期～安土桃山時代、および江戸時代末期以降には、三代在位年数が、百年近い年数になる事例（明治・大正・昭和の三代は百年を超える）もあるが、すくなくとも、醍醐天皇（六〇代）以前の古代にはまったくない。長くても、四〇年前後だということは一見してわかる。

　そこで、笠井氏の年代観から導かれる、成務天皇（十三代）が代表する三代の在位年数九七年はどうだろうか。答えは明白だ。ありえない年数といわねばならないだろう。

　すなわち、笠井氏が採用した、戊寅年＝二五八年という年代観は、まず成立しえないということが判明したわけだ。

小林行雄氏の年代観

　三角縁神獣鏡の研究で有名な小林行雄氏は、氏の書かれた論考によっても、若干のゆれがあるが、崇神天皇の古事記崩年戊寅年を三一八年とみていたようである。たとえば、「(卑弥呼が二五〇年頃に死んだとみて)それから約五十年のち の、崇神天皇の時代になると、もう前方後円墳はつくられたと考えられる」と述べているからだ[7]。

この年代観は、前方後円墳の時代が、卑弥呼の時代よりおそくはじまったという認識であって、先行する内藤湖南、梅原末治、あるいは笠井新也各氏の見解とは一線を画している。が、小林氏も畿内説である。

卑弥呼の時代に、すでに前方後円墳がつくられていたか、あるいは同時代につくられはじめたという年代観によって、いまも歴然と目にみえている「畿内中心」の前方後円墳を根拠に、直裁的な畿内説を唱えることはいとも簡単である。しかし、小林氏のように、卑弥呼の時代からすこし時間をおいた後に、前方後円墳がつくられはじめた、とする前提で畿内説を組み立てるには、やや高度なシナリオを描く必要がある。前方後円墳それじしんの「畿内中心」は、もはや物的な根拠にならないからだ。

小林氏は、考古学者である。畿内説を組み立てるために、前方後円墳に代わる物的な「畿内中心」を探しもとめた、とわたしは推測する。結局、たどり着いた「畿内中心」が、三角縁神獣鏡という特殊なタイプの銅鏡だったのではなかろうか。氏にとって、三角縁神獣鏡は「畿内中心」という必須条件をみたし、なお、卑弥呼没後から前方後円墳出現までの「空白時間」を克服するための「物証」だったにちがいない。

三角縁神獣鏡論争

三角縁神獣鏡は、小林行雄氏が卑弥呼と関係のある特別な銅鏡とし、その同笵鏡配布説を発表して以来、注目されるようになったが、はげしい論争もまき起こした。

三角縁神獣鏡とは、鏡背を断面でみると三角状に突起した外縁部をもち、その内側に神獣（神と獣）の像が鋳出されている銅鏡群をさしている（図2・5）。神獣のデザインや鏡の大きさ（直径）にちがいもあるが、おなじ原型、または同一の鋳型でつくられたとみられるいくつかのタイプの同笵鏡が各地の古墳から分散的に出土している。

まず、小林説のあらすじを短くまとめるとつぎのようになるだろう。

（1）倭人伝にある、魏の皇帝が卑弥呼に下賜した品々の中にある「銅鏡百面」とは、三角縁神獣鏡であって、二五〇年頃までに多量の三角縁神獣鏡が、魏から倭にもたらされた。これらの銅鏡は国内某所に保管されていた。国内某所とは大和であり、保管者とは、卑弥呼の政権＝大和政権である。

（2）二五〇年頃以降、三角縁神獣鏡が大和政権による、承認のしるしとして各地の首長に配布された。配布を担当したのは、保管者から付託された椿井大塚山古墳の被葬者（当地の首長）であった。

（3）三角縁神獣鏡を大和政権から下賜された各地の首長は、しばしの間それを宝器として伝世したが、首長が前方後円墳に葬られる時代が来たとき、被葬者とともに古墳に副葬された。

図2・5　三角縁三神三獣鏡（真名井古墳出土）
［福永伸哉氏提供］

小林説で重要な役割を演ずる椿井大塚山古墳は、大和に近い京都南部にある古式の前方後円墳である。一九五二年、この古墳から三角縁神獣鏡三二面を含む三六面の銅鏡がみつかった。これだけ大量の三角縁神獣鏡が一つの古墳から出土したのは、はじめてでもあり、三角縁神獣鏡が「畿内中心」であることを、まさに〝数値〟でしめす形になったのである。

小林氏は、椿井大塚山古墳の三角縁神獣鏡をタイプ別に点検し、それぞれの同笵鏡が、九州から関東にいたる各地の古墳にどのように分有されているかをしらべた。つまり、椿井大塚山古墳を中心とする同笵鏡の分有関係をしらべたのである[16]。

小林説とは、こうした物的な銅鏡の分有関係が、三世紀における大和政権と各地の首長との政治的関係の反映だとみなす仮説といえよう。三角縁神獣鏡が「畿内中心」であることを物的根拠とした邪馬台国畿内説である。

前方後円墳との関係でいえば、その発生が卑弥呼の時代よりおくれても、小林説にはまったく影響はない。じじつ、小林氏は「『魏志』倭人伝につたえられる三世紀の状態は、おそらく古墳時代の直前の段階にあたるものであろう」とも述べている[16]。前方後円墳の時代は卑弥呼より後だ、という年代観が読みとれる。ただし、鏡を基準としてみたとき、前方後円墳の築造年代は、鏡の「伝世」の期間に左右されるわけであり、小林氏は鏡の分与と伝世に関する独自の数理モデルを導入して仔細な考察もおこなっている。

鏡が伝世を絶って古墳に埋納されていく状況について、小林氏は、「(首長としての権威が)世襲制のもとにおける当然の継承者として、(三角縁神獣鏡という宝器とは)異なった角度から保証されることになったために、もはや、なかば以上(鏡の)伝世の必要をうしなったからである。古墳もまた、まさにこういう情勢の変化を契機として発生したものと考えられるのである」と述べている[16]。

小林説が発表された後、三角縁神獣鏡についてのはげしい論争がまきおこった。

はやい段階で、小林説に対する批判論を展開したのは、森浩一氏である[17]。「中国大陸からかつて一枚も発見されていない」ことをひとつの根拠にして、三角縁神獣鏡は魏鏡ではなく、仿製鏡(日本製の鏡)であると主張したのである。

もし、魏鏡でないとすれば、さきに書いた小林説の前提(1)が根底から崩れることになる。ことは重大だ。はげしい論争がまきおこったのも当然だろうとおもう。わたしは考古学者ではないので、残念ながらこの論争史を委細に解説するための十分な知識をもちあわせていないし、紙面の制約もある。話が簡略的になるのは、おゆるし願いたい。

大陸で一枚も発見されていないという批判に対する反論としては、三角縁神獣鏡が日本向けにつくられた特鋳品だという、特鋳説がしばしば唱えられてきた。近年、福永伸哉氏が三角縁神獣鏡の中央部にある鈕孔の形状と外周突線という形態的特徴に注目して、その製作技法が魏の官営工房に由来すると推測している[18]。福永氏の研究は、新しい視点からの魏鏡説として注目をあつめている。

しかし、三角縁神獣鏡が大陸で一枚も発見されていないという状況が、今日でも依然変わっていないことは、考古学としてみたときの魏鏡説の弱点であることはまちがいない。

小林氏が活躍した一九五〇―六〇年代以後、三角縁神獣鏡をとりまく状況も大きく変貌した。すでに三角縁神獣鏡の出土は五百面をゆうに超えているし、一九九八年には、奈良の黒塚古墳から、三三面という椿井大塚山古墳とならぶ、多量の三角縁神獣鏡が出土した。佐味田宝塚古墳その他の古墳からの出土数を含め、奈良盆地を中心とする、せまい地域はまさに三角縁神獣鏡の大集積地の観を呈している。

銅鏡の研究者ではない、ひとりの門外漢として、率直な印象を述べてみたい。

大和（近隣の椿井大塚山古墳も含めて）にこれだけ多量に集積している事実は、三角縁神獣鏡が、まちがいなく箸墓古墳からはじまる巨大陵墓古墳を築造した大和政権（いわゆる大和朝廷といってもよい）に密接に関係する鏡であったことを物語っている。

さきに「大集積地」と書いたが、奈良盆地は三角縁神獣鏡の大生産地ではないのか、という印象もぬぐいきれない。福永氏は、五百面を超える三角縁神獣鏡のうち、仿製鏡（日本製の鏡）が約一三〇面あると述べている[18]。わたしの専門は金属工学ではないが、エンジニアのはしくれとしての視点でいえば、おなじ青銅器でも、三次元のやや複雑な構造をもつ大型銅鐸の場合に比べれば、二次元的な銅鏡の製造は、技術的にはるかに簡単だったのではないか、とおもう。

ただ、神獣のデザインなど、鏡背の意匠面で舶載鏡を参考にしなければならない事情もあって、多くの舶載鏡を収集しておく必要がありえたと考えられる。そうであれば、専門生産者が、同時に、多量の舶載鏡の保有者でもあった可能性も考えられる。

椿井大塚山古墳や黒塚古墳の被葬者は、大和政権にとって重要な祭祀用品、もしくは贈答用品である、三角縁神獣鏡の専門生産集団のトップの地位にあった人物だった、という仮説もおもしろいとおもっている。

黒塚古墳からの出土状況から、画文帯神獣鏡は、棺内の被葬者の頭部近くにおかれ、三三面の三角縁神獣鏡はすべて棺外におかれていたことがわかっている。こうした知見を総合してみると、三角縁神獣鏡が、かつていわれてきたほどランクの高い〝宝器〟でもないし、まして〝卑弥呼の鏡〟ではありえないという印象を強くする。これは重要な問題であるので、後章で再度とりあげ、数理的な観点からも分析する。

橋本増吉氏の年代観

畿内説を唱えてきた主だった論者の年代観を中心にみてきたが、ここで邪馬台国論争史においてユニークな足跡を残した九州説論者の橋本増吉氏の年代観をとりあげる。

橋本氏は、白鳥倉吉氏の系譜につらなる九州論者であって、明治のおわり頃から執筆活動を開始、以後精力的に多くの論文を発表し続けた。その総量は膨大なものであったが、全部を一括して、昭和七年に『東洋史上より観たる日本上古史一（邪馬台国論考）』（大岡山書店）として刊行した。第二次大戦の後にも二本の論文を書いているが、これを追加して一〇三三ページにおよぶ増補版を一九五六年に刊行した[19]。

橋本氏の九州説は、倭人伝を主軸とする緻密な文献解釈によって、邪馬台国を筑後山門郡に比定する説である。その詳細は割愛するが、橋本氏の研究には、特筆すべきもうひとつの特色がある。数理的な分析法をいちはやく用いたことである。

橋本氏は、「紀年の研究」［19］において、日本古代における重要な事蹟の年代を、記紀および大陸や朝鮮半島の文献を総合的に照覧して緻密に分析している。とくに、古代天皇の年代については、記紀の年代は信用できないと明言し、数理的な分析法を用いて、かなり正確な年代をみちびいている。

一例として、橋本氏は、記紀、三国史記および広開土王碑文にある、倭軍来襲の「辛卯年」をいまでこそ三九一年とする年代観が定着しているが、橋本氏は、記紀、三国史記および碑文を照覧して、いちはやく、この年代観をみちびいている。

崇神天皇の崩年についても、天皇の「平均在位年数」という統計量を用いて、戊寅年＝二五八年説よりも、三一八年説の方が妥当だと判断している。天皇の平均在位年数という統計量は、近年の安本美典氏による邪馬台国論［9］の基礎をなすものであるが、こうした数理的な分析法をいちはやく用いた点において、橋本氏の独創性が光っている。

橋本氏は、つぎのようにいう。

「書紀によりて、雄略天皇の末年を四七九年とすれば、崇神天皇の崩御を三一八年として、八世十一代の年数は百六十二年で、御一代の平均年数は、十四年八となるが、二五八年とすれば、その総年数が二百二十二年で、御一代の平均約二十年となり、何れもあるべからざる程の年数ではないが、而も、たとえば、応神天皇から推古天皇までの御一代平均年数が十四年弱で、舒明天皇から大正天皇までの御一代平均年数も十四年強であるといふやうに、御一代平均年は、十四、五年と見る方が、より普遍的かと思はれるから、同じく記注の干支に據るとするも、予は寧ろ崇神天皇の末年を三一八年と見たいのである」

すなわち、平均在位年数という統計量を根拠にして、戊寅年＝二五八年説をしりぞけているわけだ。舒明天皇から大正天皇までの、千年を超える長い皇統の平均在位年数を、きちんと計算しているのも驚きである。

橋本氏の年代観は、同時代のほかの論者にくらべても、断然正確である。たとえば、応神天皇・仁徳天皇の時代について、梅原末治氏は六朝上半期（四世紀後半頃）とみたのに対して、橋本氏は後述のように六朝下半期（五世紀前半）としている。もちろん、今日的視点では、橋本氏の年代観の方が適正であることは、いうまでもない。

橋本氏が、右記のように、崇神天皇崩年を古事記注（戊寅年）によって三一八年とした事例もあるが、記紀の年代は基本的には信頼できない、と明言している。たとえば、「書紀及び記注の紀年が、（中略）必ずしも信ずるに足らないものであるとすれば、我等は更に他の方面より、信ずるに足るべき紀年の研究推定に、努めなければならない訳である」とも述べている。

ここでいう「他の方面」とは、国外文献の積極的参照でもあり、数理的な分析法の活用でもあるわけだ。顕著な例として、橋本氏は、応神天皇と仁徳天皇の崩年を、それぞれ四一一年および四三一年と推定している。表１・１とみくらべてみればわかるように、この数値は記紀の崩年干支からみちびかれる数値とはまったくちがう。どちらかといえば、後章で述べる本書の推定崩年（表３・２）に、より近い値になっていることに注目したい。

第3章　古代天皇の崩年を合理的に推定する

天皇の崩年干支を西暦年へ変換する

日本の古代を考える上で、天皇に関する年代の情報は、きわめて重要な役割をはたす。その理由は、記紀が、主として天皇を軸とした歴代記の形式で、さまざまな事蹟に関する記事を掲載しているからだ。編年体である日本書紀の場合、すべての事蹟が、天皇在位中のいつの出来事なのかという表現で記載されている。たとえば、日本書紀・応神紀には、

「十六年　（前略）この年に、百済の阿花王が薨じた。天皇は直支王を召されて語って、

『あなたは国に帰って位を嗣ぎなさい』

と仰せられた。そして、また東韓の地を賜って遣わした。（後略）」

とある[5]。

ここで、「十六年」とは、応神天皇在位十六年目をしめす標記である。

直支王とは、百済が倭と修好するために、三九七年に質として倭に送った太子直支（トキ）のことである。以来、直支は倭に滞在し、四〇五年に帰国して、百済十八代・腆支王となった人物である。応神天皇十六年の条は、この間の事情を伝えている。

直支が帰国したという事蹟は、史実であり、それじしん固有の年代をもつものだが、日本書紀では、応神天皇の在位十六年目の出来事として記載されている。この点についていえば、日本書紀だけではなく、漢書、三国志、三国史記な

ど、国外の史書もまったくおなじスタイルである。後発の歴史書が、すべて、漢書など、歴史的に先行する史書のスタイルにならった結果であろう。

この場合、ある事蹟の絶対年代（西暦年）を知るには、干支年で記されている天皇（一般的には、皇帝や王）の崩年、あるいは即位年を絶対年に変換し、そこを基準に数え上げるという手続きが必要である。直支が帰国した年が四〇五年であることは、三国史記・百済本紀にもとづいて算定した結果であって、日本書紀ではもっと古い年代になってしまう。日本書紀が、応神天皇の年代を実際より古く設定していることに原因がある。

こうした問題がおこる根元は、一つの干支年が、六〇年周期で複数の西暦年に対応することにある。第1章で述べたように、埼玉県の稲荷山古墳から出土した鉄剣に刻まれている「辛亥年」に対して、五世紀中でいえば四一一年か四七一年か、というように二つの西暦年の候補が出てくるわけだ。

干支年は、このように六〇年周期であるから、もし、事蹟の年代をわざと古くみせる目的で、人為的に六〇年、あるいは一二〇年くり上げても、見かけ上の干支は変わらない。これが〝装古操作〟である。よく知られている装古操作の、具体的な例をあげてみよう。

日本書紀・神功皇后紀には、神功六四年に百済の貴須王（近仇首王）の崩御、翌年六五年におなじく百済の枕流王崩御の記述がある。神功皇后の崩御が六九年己丑年とあるから、貴須王と枕流王の崩年は、逆算すると表3・1のように、干支年では甲申年と乙酉年となり、百済本紀の記載と一致する。ただし、日本書紀と百済本紀におけるそれぞれの干支年を西暦換算すると、同表のようにぴったり一二〇年の差が現れる。日本書紀がこの事蹟の干支年を二運（一二〇年）くり上げていることはあきらかである。この場合のように誤差のしくみがあきらかであれば、誤差を積極的に修正すべきであるし、そうすることによって、関連する事蹟の情報的価値を高めることができる。

表3・1　百済王の崩年の比較

	日本書紀		百済本紀	
	崩年干支	西暦年	崩年干支	西暦年
貴須王	甲申	264	甲申	384
枕流王	乙酉	265	乙酉	385

干支年による年代表記には、これまでみてきたように、問題が多い。とくに、複数の史料にまたがって、記事の照合をおこなおうとする場合、六〇年という周期性のある表記法は、きわめて煩雑である上に、長い期間を視野に入れた大局的な観察にもなじまない。

やはり、すべての歴史的事象を、基準化された時間尺によって統一的に把握する必要があるだろう。いうまでもなく、西暦年への変換が必要ということだ。

西暦年への変換によって、干支年表記の中に潜む、なんらかの法則性が消滅する危惧をもつ人がいるかもしれない。まったく心配はない。もし、なんらかの法則性があったとしても、すべて消滅することなく、西暦年表記の中にきっちり温存される。変換された西暦年をデータとして、もとの干支年がもっていた法則性を分析することは問題なくできる。むしろ、このやり方の方が分析しやすいだろう。なお、巻末に付録として干支年一覧表を付しているので随時参照していただければさいわいである。

王朝史、とりわけ王朝の創成期における事蹟の記録についていえば、より古く位置づけようとする傾向がみられる。装古現象である。

装古現象は、じつは、日本書紀のみならず、朝鮮の三韓史においても同様であって、誤差を修正する合理的な方法がみつかれば、積極的に修正を加えていくことが必要だ。日本古代を考える場合には、とりわけ、すべての年代の基準となっている天皇の崩御年（または即位年）をできるかぎり正確におさえていくことが必要である。

古事記崩年干支についての疑念

さきに書いたように、記紀においては、天皇を中心とする歴代記中に、さまざまな事蹟が記載されている。とくに、日本書紀では、即位年を起点とした年代もしるされている。個々の事蹟を考えていく場合、もっとも重要な情報基準である年代が、すべて天皇を軸としたものである以上、天皇の年代をきちんと分析して精査しなければならない。崩年（崩御年）はこのためのよい数値データである。

記紀に記載されている天皇は、古事記においては推古天皇までの三三代、日本書紀では持統天皇までの四一代である。推古天皇までの天皇については、両書にともに記載されているが、内容はかなりちがっている。古事記とはちがって、日本書紀は「正史」として編纂されていることなど、性格はまったく異なっているからだ。

ここでは、天皇崩年について、両書の対応がちがっている点に注目する。ひとつは、日本書紀が、神武天皇以降、天武天皇までの崩年をもれなく記載しているのに対して、古事記では王朝創成期にあたる、何人かの初期天皇の崩年が欠落していることである。もう一つの注目点は、おなじ天皇についても、両書の崩年が異なる場合がいくつかあることである。

天皇の崩年を考えるために、記紀がともにしるす、推古天皇までの三三代について崩年をすでに表1・1（二二ページ）にまとめている[20]。この表では、古事記に崩年干支の記載のない天皇の崩年欄は空白になっている。一方、崩年干支の記載のある天皇の場合でも、日本書紀のようにただ一つの西暦年に対応づけられない事情がある。そもそもの原因は、後述のように、古事記の年代記述が不完全なことにあるが、表1・1には、実勢として近年の歴史家が採用してきた、古事記崩年干支の西暦年換算も記載されている。この西暦年換算は、わたしの知るかぎり、昭和のはじめに末松保和氏が独自の仮説にもとづいて提唱した換算である[21]。ここでは、「末松換算」とよぶことにしたい。

神功皇后は天皇ではないが、記紀は例外的に天皇とほぼ同格にあつかっている。そこで、表1・1には、とりあえず代位の欄を空白にして、神功皇后も挿入している。

この表で、推古天皇から順に遡上していくと、允恭天皇あたりまでは、両書の崩年（西暦年）が十年以内の誤差ではほぼ一致するが（安閑天皇以下は、ほぼ完全一致）、反正天皇以上になると崩年の差はどんどん広がっていき、崇神天皇では、その差は三五〇年近くにまで拡大する。崇神天皇は、日本書紀では紀元前の天皇ということになる。この点についていえば、日本書紀の編者が、讖緯説《しんいせつ》の導入による、装古操作を行った結果だといわれてきた。

一方、古事記によれば、崇神天皇は、一六八歳で崩御とある[22]。つづく垂仁天皇は一五三歳、景行天皇は一三七歳、成務天皇は九五歳である。古事記が編年体で事蹟を記述していないこともあって、崩年が信用できる後代の天皇から遡上して、崇神天皇の崩年干支戊寅年に対する西暦年をもとめようとしても、唯一には確定できない。ちなみに、戊寅年を西暦年に変換すると、六〇年周期でつぎのような西暦年の候補があがってくる。

・・・　一九八年、二五八年、三一八年、三七八年　・・・

これらの中から、末松換算をはじめ近年の歴史家の判断として、戊寅年＝三一八年が、実勢として採用されてきたものと理解している。しかし、古事記の編者は、本来崇神天皇の崩年を三一八年よりはるかむかしに想定していたはずである。たとえば、表１・１で、成務天皇の古事記崩年を三五五年としているが、崇神天皇の曾孫である成務天皇が、九五歳で崩御したとすると、崇神天皇の崩年三一八年には、すでに五八歳だったことになる。

崇神天皇が崩御してから成務天皇が崩御するまでの期間は、この表から計算すると三七年間である。この〝わずかな〟期間内に、それぞれ一五三歳、一三七歳、九五歳で崩御した垂仁、景行、成務天皇が、つぎつぎ即位し在位したことになる。すくなくとも、垂仁天皇と景行天皇は、百歳を超えてから即位した計算になるだろう。

一五三歳といった長い寿齢は、いまでいえば装古操作だが、編纂時には「大むかしの天皇は長寿だった」という設定が異常とは認識されなかったからである。しかし、二人の天皇が引き続いて百歳を超えてから即位するなどという事態は、あきらかに異常である。日本書紀では、初期の天皇にあっても二〇歳前後で皇太子になり、三〇〜六〇歳ぐらいで即位したと記述しているケースがふつうである。古事記編者にしても、二人の天皇が百歳を超えてから即位するというような〝非常識〟を想定していたとは、とうてい考えにくい。

こうした矛盾は、そもそも、戊寅年＝三一八年とする換算から発生するわけであって、古事記の年代記述が不完全であるため、一見、数値的に歴然とした矛盾にはみえないが、編者の本来の認識とはあきらかにちがっているはずだ。もし、垂仁天皇と景行天皇の二人が、五〇歳程度で即位したと想定してみれば、戊寅年を三一八年よりも、さらに、すくなくとも一二〇年、あるいは一八〇年くり上げて換算しなければならない計算になるだろう。つまり、もし、古事記の年代記述が完全ならば、おそらく崇神天皇崩年は二世紀中の戊寅年になったはずである。

表１・１における、崇神天皇以下数代の天皇の古事記崩年（西暦年）は、やはり、文脈を無視して、崩年干支だけをピンポイントでとりあげ、近年の年代観にあうように西暦年をあてはめただけの産物であろう。古事記編者の意図とは、あきらかにちがっているはずだ。これは、日本書紀における崇神天皇崩年干支・辛卯年を、文脈を無視して、たとえば四世紀中の三三一年にあてることとまったくおなじである。

末松換算は、信頼できる推古天皇崩年・戊子年＝六二八年を起点として、順次遡上しながら古事記崩年干支に西暦年を割りあてていったものであることから、推古天皇に近い天皇については、ある程度の信頼性はあると考えている。じっさい、前述のように、表１・１で、日本書紀の崩年（西暦年）と比較してみると、多少の誤差をゆるせば、允恭天皇あたりまで両書の崩年は数値的にほぼ一致している。ひとつの判断として、この辺までは、同表の崩年がほぼ信頼できるとみなすことができよう。問題は、これより以前の天皇の崩年をどう考えるか、という点にしぼられる。

とくに、崇神天皇の崩年については、同表にある古事記崩年の三一八年（末松換算）と日本書紀のそれを比較してみると、日本書紀があまりにも荒唐無稽な数値（前三〇年）であるため、対照的に三一八年に妥当性があるようにみえる。たしかに、三一八年は、数値としてみれば、日本書紀崩年より〝まし〟であるが、これを真値と断定できる根拠はまったくないばかりか、それを崇神天皇の崩年とすれば、さきに書いたように、古事記の文脈上、あきらかな矛盾をひきおこすことになるのである。

一方、第2章では、笠井新也氏が採用した崇神天皇崩年・戊寅年＝二五八年が、三代在位年数からみて、とうてい成立しえないことをあきらかにした。

つまり、二五八年説は、現代の合理的な視点からみて成立しえないし、三一八年説は、右記のように、あきらかな矛盾をひきおこしている。深刻なディレンマである。

この解決不能のディレンマの原因をつきつめると、結局、崇神天皇崩年を「戊寅年」とする前提にあるとしか考えられない。この問題は、本章の後半で再度とりあげる。

天皇崩年を数理的に分析する

前述のように、日本書紀・神功皇后紀における、二人の百済王の崩御記事に注目すれば、このあたりの年代が一二〇年くり上げられている可能性が高い。これに連動して神功皇后の崩年己丑年も一二〇年くり上げられていると仮定すれば、崩年は三八九年となり、四世紀末頃になる。この推論はあながち誤りとはいえず、三国史記・新羅本紀が伝える事蹟ともある程度符合してくる点は注目にあたいする。

それでは、日本書紀のしるす年代をすべて一二〇年くり下げれば万事解決するか、といえばそうではない。話が単純にはいかないため、古代史家の間でさまざまな議論がくり返されてきた。こうした干支年の解釈にかかわる議論はここではさておき、すべて西暦年に変換した上で、天皇崩年について数理的な分析を考えていくことにしよう。

もし干支年表記による年代に何らかの規則性が潜んでいたとしても、それが西暦年への変換によってうしなわれる心配はまったくない。さきに述べたとおりである。

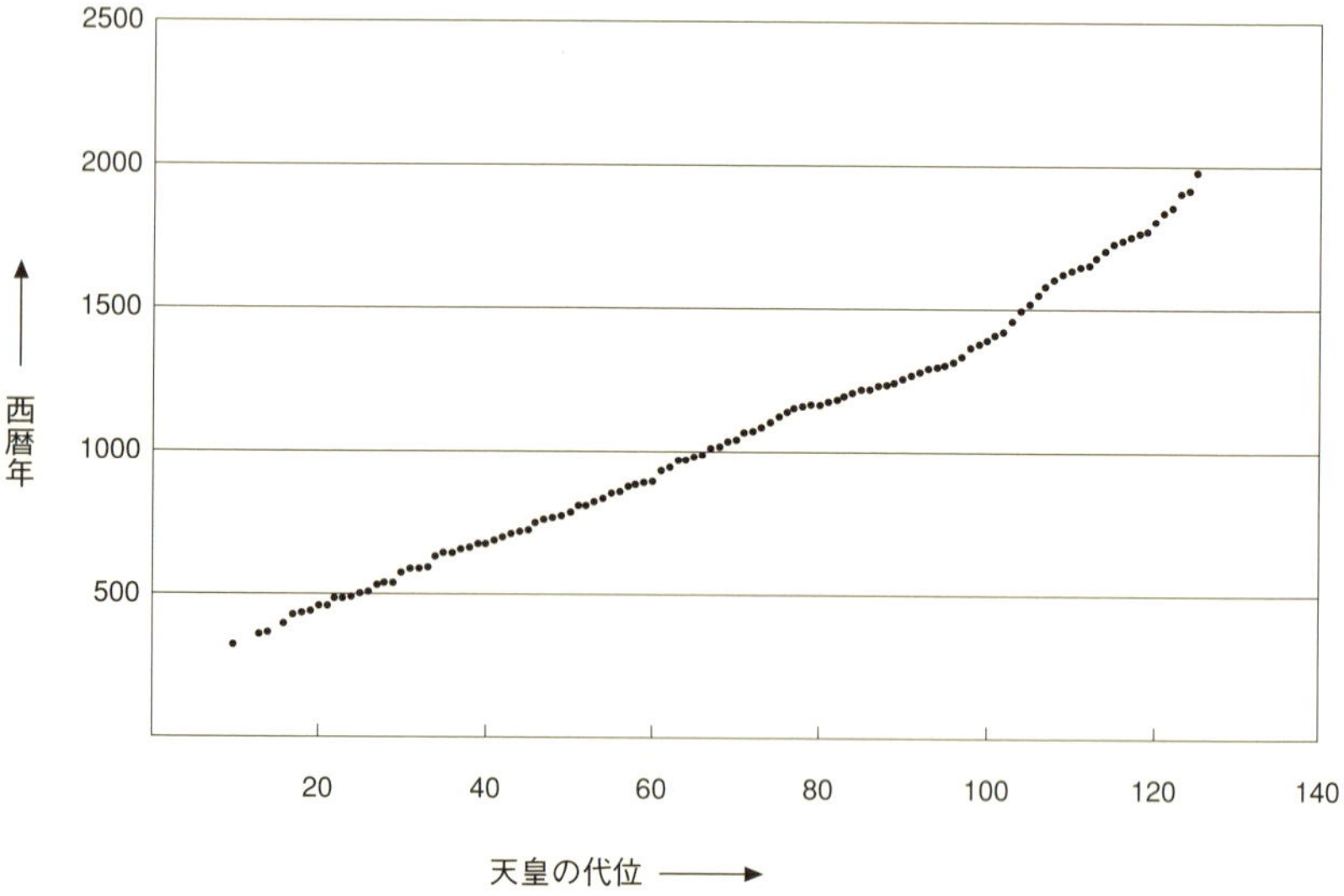

図3・1　天皇の崩年データ

情報学の一般論としていえば、問題は、欠落しているデータを的確に推定していく方法をみつけなければならないということだ。もちろん万能特効薬のような解決法があるわけではないし、どうしても解決不可能な問題も、現実には多い。もし有効な方法があるとすれば、データの中に潜んでいる何らかの規則性をみつけ出して、それを利用していく方法であろう。

具体的にいえば、まず明らかに信用できないデータは除外した上で、天皇崩年の数値系列をつくる。これを基礎データとしたとき、そこに何らかの規則性が認められれば、欠落データを推定する道が開けることになる。

こんなことをいうと、「人の死は偶然であり、死期に規則性などあるはずがない」とただちに反論が起こるであろう。当然である。しかし、一見不思議なようだが、歴代天皇の崩年を数値として系列化してみると、かなり歴然とした規則性の存在を暗示させる傾向が現れるのである。さらに、こういう興味ぶかい傾向が現れる理由を、根源的に追究していくと、わりと単純な数理モデルとして、合理的に説明できることもあきらかになったのである。

まず、昭和天皇までの全天皇（公式には一二四代）の崩年デ

崩年モデルの解説

n代目の天皇の崩年を$D(n)$，在位年数を$L(n)$とおくと，先帝の崩年$D(n\text{-}1)$との関係がつぎの式で表される．

$D(n) = D(n-1) + L(n)$　（崩年漸化式）

ここで，n-1代目とn代目の在位年数に関して平均的につぎの関係がなりたつと仮定する．

$L(n) = rL(n-1)$　（平均在位推移式）

この関係式は，在位年数を平均的にみたとき，王朝システムにおいて天皇の交替ごとに在位年数がより伸長しうる“増進的”環境にあるのか，あるいはより短縮していく“減退的”環境にあるのかを一般的に考えるための仮説である．前者であれば、$r > 1$であり，後者であれば$r < 1$である．どちらでもなければ平均的な在位年数は一定で推移していくとみなせるから，$r = 1$とする．

天皇の在位年数を，ひとり一人具体的にみれば偶然の所産であって，まさにランダムであるが，長い期間でみれば，このような環境を想定する意味が出てくる．実際，王朝によっても，あるいは王朝の時期によってもこうした環境に差異が現れる．ここで係数rを環境指数とよぶことにする．

上の二式，すなわち崩年漸化式と平均在位推移式から，つぎの崩年モデルが簡単に導出される（数学的な導出過程は省略）．

$D(n) = A\,r^n + B$

$\quad\;\; = A\,e^{\beta n} + B$　（崩年モデル）

ただし，$\beta = \log_e r$である．AおよびBはそれぞれ定数である．

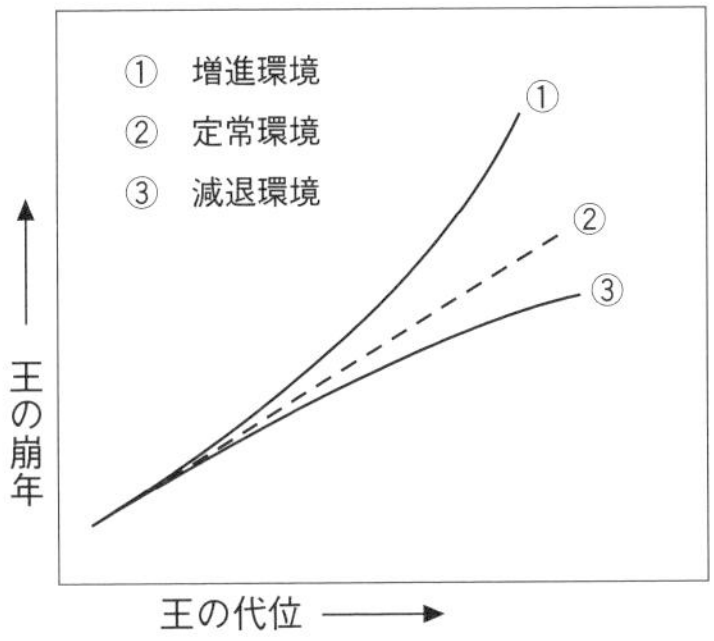

図３・２　王朝をとりまく三つの環境

王朝システムをとりまく環境は，環境指数rの値に依存して変わるが，大きくはつぎの三つのタイプに類別できる（左図参照）．

①増進環境：$r > 1$のときで$\beta > 0$となる．
②定常環境：$r = 1$のときで$\beta = 0$である．
③減退環境：$r < 1$のときで$\beta < 0$となる．

なお，定常環境においては崩年モデルが有効でなくなるため，代わりに線形回帰モデル $D(n) = An + B$を用いることになる．

ータをグラフ化した図３・１を示そう。表１・１（二二ページ）にあげている初期天皇の崩年のうち、允恭天皇以前については古事記崩年（末松換算）を優先し、欠落データを日本書紀によって埋めないこととした（欠落のままとする）。允恭天皇以降については日本書紀にしたがった。推古天皇以降については、明治時代以降に公式に定められた歴代天皇系譜にしたがった崩年（正史崩年）を採用している[23]。データには重祚の例や退位の例も含まれている。したがって厳密には、崩年というより「退位年」とすべきであるが、多数の場合を優先して、崩年データとよぶことにする。

さて、天皇の崩年データを図３・１のようにグラフ化してみると、ある種の規則性があることをうかがわせるとともに、部分的に不規則な変動があることも、みえてくる。コンピュータによる、詳細な分析は後述するとして、とりあえず、崩年データから直接みてわかる単純な特徴は、全体としてなめらかに右肩上がりで年代値が増加していくことであろう。しかし、これは、いってみれば当然である。後の天皇の崩年が先帝の崩年より年代値が大きくなる（年代が新しくなる）のはあたり前だからである。問題は、その増加傾向に明確な規則性がみいだせるかどうか、という点である。

もっとも簡単な規則性の検出法は、「線形回帰モデル」による方法である。線形回帰モデルとは、二つの変量の関係を $y = ax + b$ のように線形関係とみるモデルである（グラフでは直線になる）。図３・１でいえば、崩年データにもっともぴったりフィットする直線（回帰直線）をみつける方法である。この方法は多方面で用いられているし、絶大な効果を発揮した事例も多い。

安本美典氏による天皇在位年の推定法[9]は、在位年数を基礎データとした線形回帰モデルによる推定法とみてよいだろう。

一般論としては、崩年データにひそむ規則性をみいだそうとする場合、天皇の交替がくり返されていく王朝システムの特性を考え、それにみあった分析モデルを用いることが望ましい。もし、線形回帰モデルが、王朝システムの特性にぴったり適合しているなら、それはそれでいい。そうでないなら、分析モデルを替えるほうがよい。

皇統という王朝システムの特性を、天皇崩年という数理的観点から分析するためには、どんな分析モデルがふさわしいのか。これを考えるには、若干の数学が必要である。六九ページに、本書で用いることになる「崩年モデル」の解説欄を設けている。

数学的議論に興味のある読者は、目をとおしていただきたい。数学が苦手な読者は、読み飛ばしていただいて、まったくさしつかえはない。本質的なことは、つぎに述べるフィッティング実験によっても十分に理解できるからである。

崩年モデルのフィッティング実験

崩年モデルの意味は、王の崩年データが指数関数（曲線）によって説明できるというものである。それが本当なのかどうかを確かめるため、図3・1に示した崩年データ全体に、そのままあてはめてみるフィッティング実験をやってみよう。まずふつうの線形回帰モデルによる直線のフィッティング結果を図3・3にしめす。

つぎに、崩年モデルによるフィッティング結果が図3・4である。崩年データ全体にもっともよくフィットする崩年モデルを実験的に計算して、それを実験曲線として表示したものである。

フィッティング実験から、崩年データ全体に対して、回帰直線より崩年モデルにもとづく曲線のほうが高い適合率をもつことがわかる。視覚的にも、実験曲線のほうが良好にフィットしていることがわかるだろう。

回帰直線の適合率（0.986）も、世間でふつうに行われている、さまざまなデータ解析の事例と比較してみて、珍しいほど高い数値であるが、実験曲線はさらにそれを上まわっている。崩年データにひそむ規則性を線形回帰モデルではなく、崩年モデルによって的確に抽出できるという方針が、ここにあきらかになったわけだ。

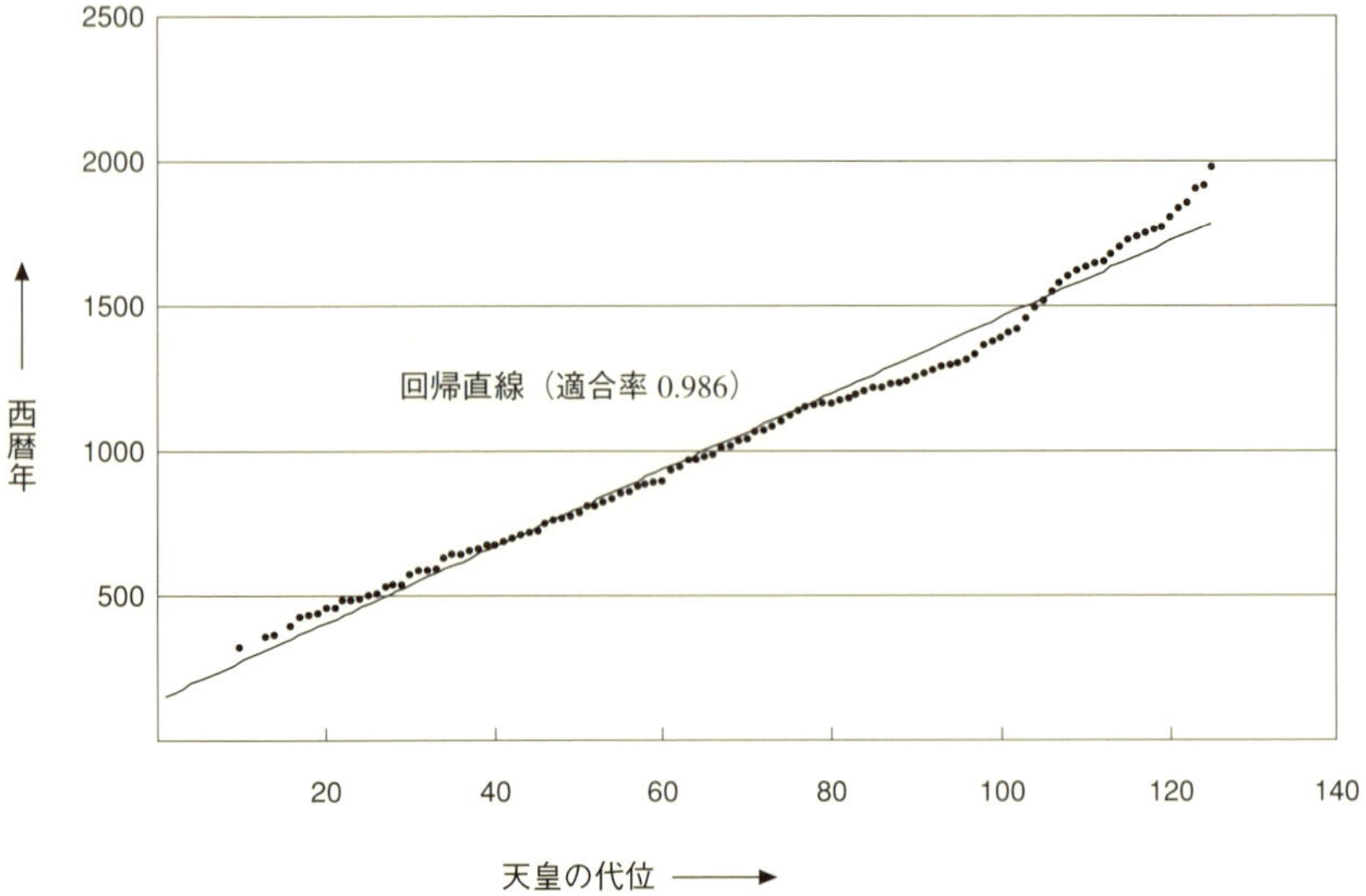

図３・３　線形回帰モデルによる直線のフィッティング

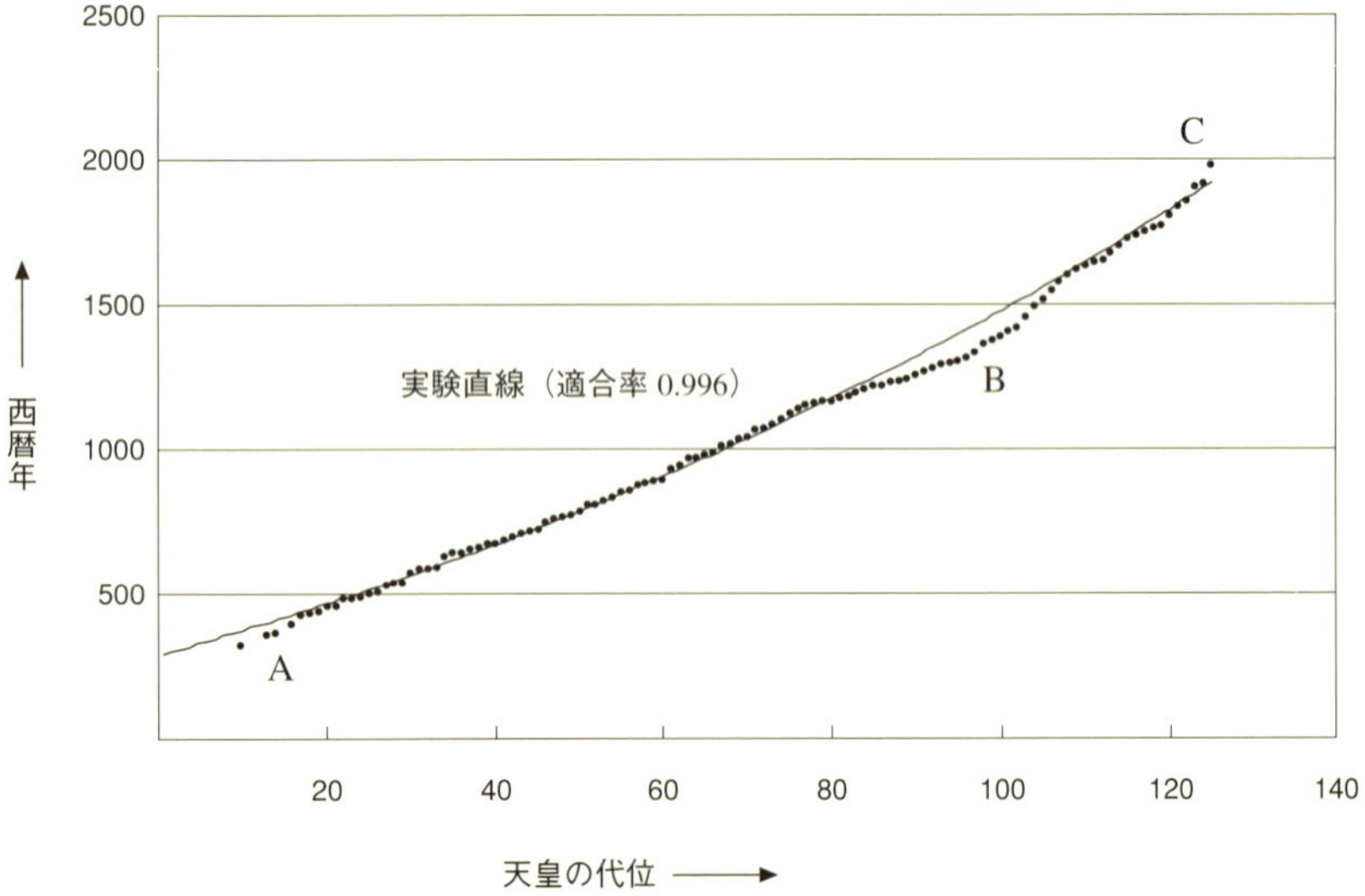

図３・４　崩年モデルによる実験曲線のフィッティング

崩年データの点検――規則性と不規則性――

天皇の崩年をできるかぎり正確に推定し、それを年代の基準軸として古代のすがたを正しく復元したい。崩年モデルがその有力な手がかりとなることが判明した。

つぎの作業は、崩年モデルを用いて、ほんとうに〝使える〟崩年推定式を確定することである。その方法は、崩年データの中にある、「異質な」データを除去することによって、規則性を鮮明に浮かび上がらせる、チューニングである。異質なデータの具体的な事例は多様であるが、一般的にいえば〝うそ〟のデータなど、ほかと同列にあつかうことに問題があるデータといえる。

異質なデータの多くは、データ全体の傾向に対して不規則なふるまいをする、いわゆる不規則な部分の中に潜んでいる。たとえ不規則な部分であっても、異質性がなければそれらをきちんとデータに含めていかなければならない。このあたりが、データ解析のむつかしいところである。

図３・４では、不規則な部分も含めて、とにかく崩年データ全体にもっともフィットする実験曲線を描いた。実験曲線の計算上、不規則な部分も当然影響をおよぼしているわけだが、やはりそれ以外のデータがしめす規則性が、大勢を決めている。それでは、不規則な部分とはどこかということになるが、不規則な部分は、実験曲線からの乖離という形で現れる。つまり、「主流」からの離脱である。図３・４に、問題となる不規則な部分三箇所（A、B、C）を明示している。具体的にいえばつぎのようになる。

（１）A付近は、崇神・成務・仲哀の三天皇の古事記崩年に関係するが、全体の傾向からすれば、やや下方（年代の古い方向）にずれている。

（２）B付近は、それ以前のなめらかな右肩上がりの傾向が急に抑制され、年代値の増加率が低下している。

（3）C付近は、明治・大正・昭和の三天皇にかかわるが、それ以前に比べると年代値の増加率が著しい。
そこで、問題の三箇所の不規則性について順次検討することにしよう。

まず、A付近であるが、まさに古事記崩年の信頼性にかかわっている。崇神崩年三一八年とする年代観には根拠がない、とさきに書いた。あきらかな矛盾があることも指摘した。

そこでチューニング操作としては、崇神・成務・仲哀の三天皇のデータを異質であるとして、すべて排除することも選択肢の一つになるが、いったん除外してしまうと、古事記崩年に何らかの情報的価値があるとすれば、それをまったく無にすることになる。

結論からいうと、データとしてはわずか三個であるので、これを生かす方向で除外しないこととした（結果論であるが、三天皇のデータを除外しても、しなくても最終結果にほとんど差がないことが判明している）。

つぎにB付近である。

B付近の不規則性は、王朝システムの環境が増進環境の中にあっても、在位年数をやや短縮する方向に変化したことが原因になっている。すなわち、六九ページの解説欄中の用語でいえば、「環境指数」の値が以前より減少したのだ。これは、異常である。

この異常な環境は、天皇の代数でいえばかなりの長期間だ。図3・4をよく観察してみると、天皇の代位にして七六代～一〇五代にいたる三十代の長期間にわたるようにみえる。

なぜ、この期間だけ、王朝システムの環境が変わったのか。

ヒントとして、この期間が、平安時代の白河上皇からはじまり、室町時代の後小松上皇で実質的に終焉したとみられる〝院政〟の期間とほぼ一致している事実をあげたい。

天皇とは、本来、王朝における最高権威者である。ところが、院政がはじまり、天皇の権威が相対的に低下していくにつれ、崩年モデルでいう、天皇をとりまく環境も劣化していったのではなかろうか。

チューニングでは、こうした仮説をとりいれ、八六代～一〇五代にいたる、二十代の崩年データを、異質とみなして除外することとした。さきに指摘した三十代のうち、最初の十代は除外しないことにした。理由は、院政による環境の劣化が、崩年データに数値として影響をおよぼすには、若干の時間遅れがあろうという判断にある。

最後に、C付近の不規則部分についてである。

明治・大正・昭和の、近現代三天皇の時期に相当している。昨今、皇位継承ルールに関する議論がさかんであるが、そもそも、明治天皇のご在位中に皇室典範が制定され、皇位継承ルールが、はじめて成文化されたことに端を発している。

現行の皇室典範も、この流れをくむものであるが、結果として、皇位の継承に外部からの影響や恣意的な介入の余地が、まったくなくなったといえる。

すなわち、皇位が客観的なルールにしたがって、整然と継承されるとともに、天皇の退位年を決めるものは、まさに生物学的要因のみ、といえる条件が生まれたわけである。これは長い王朝史を考えると、画期的な変化であって、もし、この状況が、今後そのまま持続するならば、王朝システムは定常環境に入っていくことになろう。

明治天皇以降の不規則性の原因は、あきらかに、わが国の王朝システムをとりまく環境が従前とは変化したことにあると考えられる。しかしながら、この変化において、最高権威としての天皇の地位が毀損されたわけではなく、さきに書いたB付近のように、環境が劣化したとは考えられない。そこで、明治・大正・昭和の三天皇の崩年データも、異質とみなさず除外しないこととした。

崩年推定式をみちびく

崩年データの不規則部分を順次検討した結果、除外すべき異質なデータは、八六代〜一〇五代の二十代だけになった。このように、チューニングされた崩年データ全体にもっともフィットするように崩年モデルを計算した結果、つぎの式に到達した（図3・5参照）。

$D(n) = 1282\, e^{0.0066n} - 1005$（崩年推定式）

今後は、この式を用いて古代天皇の崩年を推定していくことになる。用語の混乱を避けたいので、これを崩年推定式とよぶことにする。

崩年推定式によれば、天皇の代位を n に代入して計算すれば、ただちに崩年の推定値 $D(n)$ が求められる。注意してほしいのは、神功皇后をデータ系列に入れているため、神功皇后以前の天皇の場合は代位そのままを n として代入すればよいが、神功皇后以降、つまり応神天皇以降は、ほんとうの代位より、一代ふやした数を n として用いる必要がある点である。もうひとつ、さきに検討した不規則部分にあたる天皇については、当然ながら推定値は、真値にくらべてかなり値がずれる点も注意してほしい。

チューニングされた崩年データ全体に対して、崩年推定式がどのようにフィットしているか、図3・5を見てほしい。同図には、おなじく、崩年推定式を図化した推定曲線を描いているが、データとよくフィットしていることが一見してわかるだろう。適合率は、図中にも記載しているが、0.998であって、ほとんど1.0に近い結果になっている。チューニングの効果である。

人の死は偶然であり、天皇の崩年についても、もちろんその例外ではない。しかし、偶然の系列である歴代天皇の崩年を、基礎データとして分析してみると、図3・5が端的にしめしている、驚くべき規則性が浮かび上がってきたので

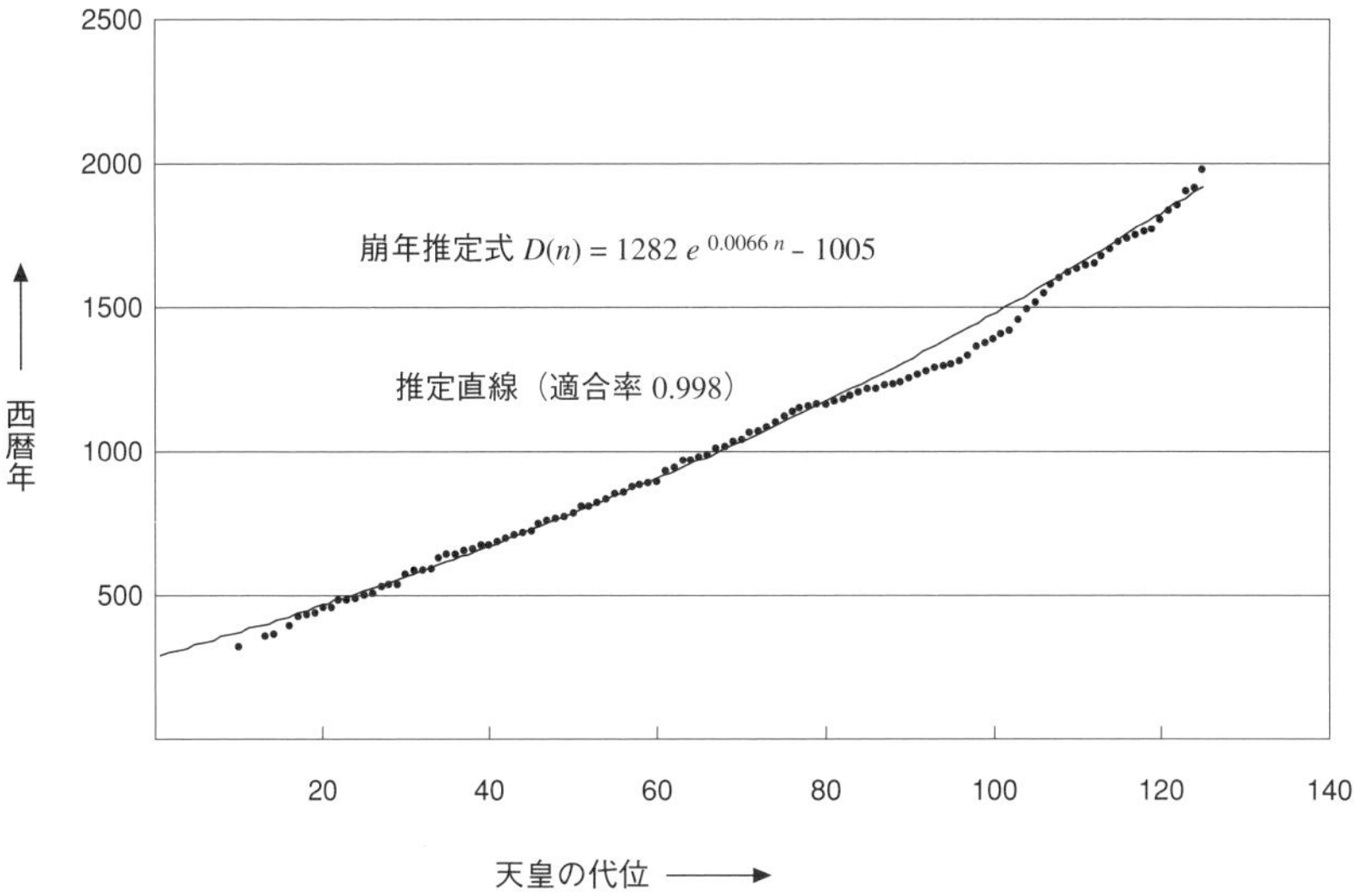

図3・5　崩年推定式と推定曲線

ある。

　これはいったいなぜなのか、だれしも不思議におもうだろう。わたしも正直いって、これほどまでに整然とした結果が出現するとは、当初はおもわなかった。

　データ分析の作業中に、強く感じるようになったことは、偶然の中にしのびこむ必然があるということだ。それまで、偶然と必然とは対立する概念だと考えていたし、必然でないものが偶然なんだ、というふうに単純にわりきっていたものだ。

　考えてみると、天皇は、やはり特別な存在である。王朝における最高権威者であって、それがゆえに、人としても特別に醸成された〝空気〟の中で生きてきた存在である。この空気には、文化的なものもあるだろうし、政治的なものもあるだろう。感情的なものもあるだろう。しかし、この空気こそ、一定の必然を帯びた空気として、時代を超えて天皇をとり囲んできたのだ。

　さきに、崩年モデルについて書いたとき、王朝システムをとりまく「環境」という概念をわたしは使った。「環境指数」というパラメータも仮定した。崩年モデルが〝必然〟をかなりの精度で検知できたということは、おそらく、ここでいう空気の一面をとらえることができたのであろう。

崇神天皇の崩年はいつ頃か

天皇の代位を代入することによって、崩年推定式は、まさに機械的に、崩年の推定値をあたえることになる。ここでも、用語の混乱をさけるため、この推定値を、「推定崩年」とよぶことにする。

推定崩年は、あくまで数式による推定の所産であり、真値そのものではない。ただし、まったく荒唐無稽な値ではなく、真値に十分近い値を与えるであろうことは期待できる。では、どのくらいのレベルで真値に近いのか、具体的に記紀データと比較してみよう。表3・2にその比較表をしめしている。

表3・2は、さきにあげた表1・1（一二ページ）にならって、記紀がともにしるす、推古天皇までの三三代の古代天皇（神功皇后を加えれば三四人）について、記紀崩年と推定崩年を比較している。

表3・2　記紀崩年と推定崩年の比較

天皇諡号	記紀崩年	推定崩年	差
神武天皇		285	
綏靖天皇		294	
安寧天皇		303	
懿徳天皇		311	
孝昭天皇		320	
孝安天皇		329	
孝霊天皇		338	
孝元天皇		347	
開化天皇		355	
崇神天皇	318	364	46
垂仁天皇		374	
景行天皇		383	
成務天皇	355	392	37
仲哀天皇	362	401	39
神功天皇		410	
応神天皇	394	420	26
仁徳天皇	427	429	2
履中天皇	432	439	7
反正天皇	437	448	11
允恭天皇	454	458	4
安康天皇	456	468	12
雄略天皇	479	477	2
清寧天皇	484	487	3
顕宗天皇	487	497	10
仁賢天皇	498	507	9
武烈天皇	506	517	11
継体天皇	531	527	4
安閑天皇	535	537	2
宣化天皇	539	547	8
欽明天皇	571	558	13
敏達天皇	585	568	17
用明天皇	587	578	9
崇峻天皇	592	589	3
推古天皇	628	600	28

さきに、表1・1について考えたとき、允恭天皇以降の崩年は、ほぼ信用できるとした（記紀でほぼ一致）。これらの崩年はまさに真値と考えてよいだろう。一方、允恭天皇以前については、日本書紀崩年はまったく信用できないので、とりあえずは古事記崩年を採用すべきであるとした。表3・2における記

紀崩年とは、こうした観点からつくられた混成データであって、崩年推定式を導出する際の基礎になったものである。ただし、このとき用いた古事記崩年（末松換算）について、かなり疑問があることも、さきに書いたとおりだ。とくに、崇神崩年を三一八年とする〝慣習〟には根拠がない、とも書いた。

表3・2の比較表をみても、とくに、崇神・成務・仲哀三天皇については、古事記崩年と推定崩年との差が著しい。とりわけ、崇神天皇の乖離が大きい。四六年もの差がある。

この不一致をどうみるか、である。

ほとんど慣習的に、崇神天皇崩年として三一八年が用いられてきた。が、その根拠は、じつは、なにもないというのが、本当のところなのだ。たとえば、雄略天皇の崩年四七九年などとくらべてみても、状況はまるでちがっている。雄略天皇の場合、日本書紀崩年・己未年に対して、四七九年があてられているが、宋書・倭国伝の記事や埼玉県稲荷山古墳の鉄剣銘文がこれをしっかり裏づけている。雄略四七九年には、動かない根拠がある。

崇神三一八年には、こうした意味での裏づけはまったくない。あるとすれば、近代における〝採用〟実績だけである。古事記の崩年干支・戊寅年を三一八年と解釈した例は、第2章でとりあげた橋本増吉氏や末松保和氏、あるいは小林行雄氏などである。しかし、だれも、その根拠については、いっさいふれていない。

橋本氏が、平均在位年数を根拠に、戊寅年＝二五八年説をしりぞけ、三一八年説を採用した実績はたしかにある。これも、いわば、戊寅年を前提にした〝消去法〟であって、真正面から、三一八年の妥当性を論じたわけではない。

末松氏は、推古天皇から遡上していって、古事記に崩年干支がしるされている十五人の天皇について西暦年を、表1・1にある数値として、一括してみちびいた[23]。一九三三年頃のことであるが、ユニークな仮説にもとづいた計算ではあるものの、戊寅年＝三一八年という、等式の「証明」を意図したものではない。末松氏は、ひとつの「案」として提示しているだけである。

こういう実態からみて、わたしは、古事記の崩年干支「戊寅年」そのものが、むしろ、信用できないと考えるべきではないか、とおもう。

一方、崩年推定式があたえる、崇神天皇の推定崩年三六四年は、全天皇の崩年データ（一部の異常部分を除く）にひそむ規則性にもとづいている、という意味で、むしろはっきりした根拠をもっている。

崇神天皇の真の崩年はいつ頃か、という問題について、表3・2にしめすように、ながい採用実績をもつ、これまでの三一八年にくわえて、推定崩年三六四年が新しい候補として並立することになったわけだ。

どちらか一方を真値として、他方を切り捨てるのか、あるいは、両者の中間あたりで妥協点をみつけるのか、という二つの選択肢がある。本音をいえば、すくなくとも根拠をもつという意味で、推定崩年三六四年を採用したい。ただ、世の中というところは、たとえ根拠がまったくない代物であっても、採用実績が長ければ、それなりの〝市民権〟をもつものである。三一八年も、そう簡単には捨てられないわけだ。こうなると、もう理屈では、ことはすすまない。

本書では、二つの候補年の中間あたりを、とりあえずの崇神天皇の崩年として、以下の論をすすめていく。すなわち、崇神天皇の崩年を〝はやくとも〟四世紀中頃とみなしていくわけだ。表3・2から、成務・仲哀二天皇の古事記崩年についても、崇神天皇とおなじ理解が必要であろう。数値的な議論はしないが、もし、成務天皇の実在を仮定し、崩年を考えるなら、三五五年よりさらに二十年程度は新しくする必要があるとおもう。

さて、崇神天皇の崩年を〝はやくとも〟四世紀中頃とした場合、これまでの、さまざまな考古学の年代観とは、矛盾をきたす場面があらわれるだろう。しかし、その解決は、実行されないかもしれないが、やるとすれば簡単だ。考古学の年代観を、新しい崇神天皇崩年に矛盾しないように修正すればよいだけである。

推定崩年は、信頼できる崩年データ全体から、数理的にみちびかれた年代である。簡単にいえば、信頼できる文献の情報がもとになった年代である。絶対年代を決定するのは、やはり文献であって、考古学ではない。すぐに、とはいかないかもしれないが、新たな物証が発見されるか、数理的方法が普及するかによって、考古学の年代観が、崇神天皇の新しい崩年に順応するときがかならず来ると信じている。

欠史八代 ― 古代天皇は実在しなかったか ―

さて、表3・2には、いわゆる「欠史八代」といわれる天皇を含め、崇神天皇以前の九代の初期天皇の推定崩年も記載している。崩年推定式をつかえば、機械的に、年代値が得られるからだ。

これら九代の天皇については、これまで存在そのものを疑問視する見解が流布されてきた。いちいち個別の論を引用することはしないが、わたしの知るかぎり、実在が疑問視される理由はつぎのとおりだ。

（1）辛酉年に革命が起こるという讖緯説《しんいせつ》にもとづいて、日本書紀の編者が神武天皇の即位年を辛酉年（紀元前六六〇年）にもっていった。こうすると、実在の天皇だけでは年代期間が不足するので架空の天皇を八代つくりだした。

（2）綏靖天皇（二代）から開化天皇（九代）まで八代は、記紀ともに、在位中の記事がすくないので（「欠史八代」とよばれる）、実在がうたがわれる。

（3）神武天皇（初代）と崇神天皇（十代）は同一人物である。したがって途中の八代は架空の天皇にすぎない。

（4）神武天皇から開化天皇まで九代の天皇の皇位継承は、記紀によれば、すべて父子相続になっていて、現実性にとぼしい。このことから実在がうたがわれる。

（5）記紀によれば、神武天皇から開化天皇まで不自然に寿命が長い天皇が多い。これも非現実的であって、実在がうたがわれる。

（6）そのほか、王朝交代説などによって、崇神天皇以後と以前との連続性はないとし、記紀にしるす形での実在をうたがう論もある。

わたしの浅学ゆえに、このほかにも非実在を説く論があるかも知れないことをおそれているが、とりあえずは、これら各論について考えてみる。

論理的には、非存在の証明は、存在の証明よりむつかしい。ところが、右記の古代天皇の実在をうたがう論のすべては、証明などしていないはずだ。もちろん、ある古代天皇が実在しなかった、という意見をいうにあたって、厳密な証明が必要だといっているわけではない。大方の納得がいく説明さえあれば、それで十分だとおもっている。

それでは、この六つの論に説得力があるだろうか。すくなくともわたしは、そうはおもわない。

まず、（1）については、讖緯説によって神武天皇の即位年を決めた、という点はいいが、そのために八代の架空の天皇を創作したという点はいただけない。

年代調整のために創作したというなら、遠慮せず二十代でも三十代でもいいから、もっとたくさん天皇を創作すれば、（5）にいう天皇の寿命についての不自然さも消え、ますます本当らしくなるはずだ。むしろ、「八代」という代数が動かせないからこそ、寿命をむりやり伸長させる必要があったのではなかろうか。人間の思考の順序としては、むしろ、この方がふつうであろう。

「欠史八代」というだけあって、この期間における事蹟の記載はたしかにすくない。だからといって（2）でいうように、ただちに非実在にむすびつけるのは、だれが考えても飛躍であろう。記紀編纂時において、転写すべき先行記録が不足していただけではないのか。

（3）でいうように神武天皇と崇神天皇が同一人物とすれば、たしかに途中の八代は架空になる。わたしは、二人の名前もちがうし（読みの一致は後世の所産とおもう）、業績もちがうので、同一人物とはおもわない。

（4）でいう父子相続については、「欠史八代」がしめすように、記紀編纂時に転写すべき先行記録（口伝も含めて）が不足していたため、相続関係もじっさいは不明だったのではなかろうか。わが国最初の正史に、相続関係を「不明」と書くわけにはいかない。編者の気持ちになれば、編纂時において〝正統的〟とおもわれた、父子関係として、すべてを処理したのではなかろうか。わたしはこう考えている。

（6）にいう王朝交代説など、崇神天皇をめぐる、いろいろな仮説[20]の是非を論評する実力は、わたしにはない。たとえば、「イリヒコ」という倭風諡号における共通項に着目して壮大な王朝交代説を構築する構想力には、まさに脱帽である。歴史学の世界では、こうした論に説得力を感じる方々がいるのかもしれないが、わたしは納得できない。

第1章で、史料の情報的価値について書いたが、記紀に記載されている記録は、国内の事蹟に関するかぎり、すべて発生地点と記録地点との、距離差のない、同一場所（国内）における記録である。記紀の編者のほかにも、過去についての情報（伝承を含む）をもっている多くの人々がいたはずだ。おなじような情報をもつ人々が多数いる中で、いきなり架空の天皇を創作したりする自由度などありえない。

時代を超える衆目の中で検証に耐えうる史書を書き上げなければならないという、きびしい任務を帯びた編者たちは、相当な緊張感をもって仕事に臨んだはずである。

それでは、編者がもちえた自由度として何があっただろうか。

第1章で、記録というものの常態は動的であって、一次記録から二次記録へ、さらに三次記録へと、つぎつぎと写されていく転写過程にほかならない、と書いた。記紀の編纂においても、その時点で収集できる先行記録（口伝も含む）を、できるかぎり多くそろえて、それらの内容を選択的に転写していったものとおもわれる。このとき、どれを採用し、どれを棄却するかといった、選別に関する自由度はあっただろう。

問題は、さきに述べた先行記録における情報の欠損である。史書として整然とした体裁にしあげるにあたって、収集した先行記録に必要な情報がみあたらない事態も十分考えられる。情報が欠損していた可能性がもっとも高かったのは、おそらく、年代をはじめとする数値情報だったとおもわれる。

必要な情報が欠損している場合の対応策として、ひとつは、わからないことは記載しないで放置しておく、という方法がある。欠史八代がその例であろう。もうひとつは、推測によって、欠損情報を積極的におぎなう方法である。欠損情報を推測する場合、その推測に適度な合理性さえあれば、だれからも文句は出ないだろう。この点、編者はかなりの自由度をもっていたはずだ。

はるかむかしに、神武天皇が即位したという情報はもっていても、その正確な年代はだれも知らない、という状況は大いにありえたことだ。このとき、讖緯説によって、それが辛酉年だといわれれば、そうかなとおもうだろう。反論も出ないわけだ。

表3・2の推定崩年によれば、神武天皇の崩御の後、開化天皇が崩御するまでの八代は、わずか七〇年である。もし、すべて父子相続によって皇位が継承されたのなら、とてもありえない短期間である。奈良時代も、「奈良七代七十年」といわれるように、七〇年間であったが、父子相続といった、直線的な皇位継承が一貫して行われたわけではない。

欠史八代の七〇年は、やはり前述のように、欠損していた相続関係の情報を、編者が推測によっておぎなった結果と考えるのが妥当であろう。

父子相続にこだわらなければ、天皇八代の期間が七〇年というのは、特別な事態ではなく、奈良時代を例に出すまでもなく、十分にありうる話である。

日本書紀・崇神紀によれば、崇神天皇の在位中の出来事として、倭迹迹日百襲姫（ヤマトトトヒモモソヒメ）と大物主神との呪的交流の話がある。前章でも書いたが、倭迹迹日百襲姫が亡くなると、「昼は人つくり、夜は神つくる」といわれる箸墓（大市墓）に葬られたことがしるされている。

記紀によれば、倭迹迹日百襲姫は崇神天皇の三代前の孝霊天皇の皇女であり、二代前の孝元天皇の姉にあたる。崇神天皇からいえば、祖父の姉である。亡き祖父の姉が〝現役〟で活躍することがありえるのは、短期間に皇位がつぎつぎと継承された場合だけであろう。

さて、欠史八代の天皇の非実在を唱えるいくつかの論に説得力がない、と考えるわたしの意見を述べてきた。実在をうたがうことがあったとしても、それを明快に説明しえない場合には、暫定的に、実在したと仮定しておくのが合理的な対応であろう。

古代について推論をすすめていく中で、もしこの仮定が成立しない局面や、矛盾があらわれれば、まさに〝背理法〟で非実在が実証されることとなろう。逆に、こうした局面がまったくあらわれなければ、この仮定を崩すことはできないことになる。

第4章　古代の人口と政治支配

なぜ人口を考えるのか

古代を読み解く上で、きわめて重要な役割をはたす数値情報として、前章では、天皇崩年という年代をとりあげた。年代のほかにも重要な数値情報がある。人口である。

魏志倭人伝によれば、倭国大乱の後、卑弥呼女王の共立があった。三世紀前半頃のことであるが、考古学の時代区分でいえば、弥生時代の終末期にあたる。その後、時代が移り変わって、巨大な陵墓古墳が築かれはじめる時代がやってくるわけだ。これを崇神天皇の時代とすると、前章の年代分析によれば、はやくとも四世紀中頃とみなければならない。

卑弥呼の時代と崇神天皇の時代とは、百年ほどの時間差がある。最大級の前方後円墳が陵墓として築かれた、仁徳天皇の時代は五世紀前半だから、卑弥呼の時代からすれば、二百年後ということになる。

このように、百年、二百年と、時間が経過していく中で、卑弥呼以後、古代社会がどのように変わっていったのか、という視点もきわめて重要である。文献史学では、たとえば、県主（あがたぬし）から国造（くにのみやつこ）の設置へと向かう、大和政権の支配の構造的変化が探究されてきた。考古学においては、おなじく、この間における、「もの」の変化の追跡を軸とした探究がおこなわれてきた。

古代社会の変化について、われわれが、いま知りえていることの大部分は、文献史学や考古学における、これまでの探究の成果にほかならない。

大きな流れとしてみれば、大和政権の支配域が、徐々に拡大していくにつれ、その全域を効率的に支配するための体制も変わっていった、ということであろう。

さて、このように、古代社会のしくみが変貌していく要因として、根元的にはいったいなにがあったのだろうか。考えられる根元的な要因は、まちがいなく、日本列島における人口増加である。

そもそも、人間は社会的動物であって、つねに「群れ」をつくってしか生きられない動物である。人間が地球上にはじめて姿を現したのは、数百万年前といわれている。当然、そのときから、すでに群れをなして生活していたはずである。

ここでいう、「群れ」とは、単なる烏合の衆ではなく、秩序のある集団のことである。さらに、秩序とは、特定の少数者の指令で、群れ全体がうごく態勢を意味している。「少数者」を、支配者といいかえてもよい。支配者のいない群れなど、群れとはよべないし、あったとしても、全体の生活力を維持できないため、すぐに自滅してしまうだろう。

もちろん、支配者がいたとしても、無能な場合には、おなじく群れが消滅することも十分ありえただろう。現代でもよくみかける光景である。

群れにおける「支配の構造」は、一般に、群れをつくっている成員の数が増加すれば、必然的に変わらざるをえないものなのだ。たとえば、十人程度の社員しかいない会社なら、社長ひとりで、すべてを切り盛りすることができるが、会社の規模が大きくなって、社員一万人の会社になれば、部長や課長、あるいはグループリーダーなどの中間管理職をおかなければ、やっていけなくなる。つまり、「支配の構造」を変えなければ、会社という「群れ」が生存できなくなるというわけだ。

群れの規模が大きくなる場合は、二つある。ひとつは、それじしんの成員が増加する自己成長である。もう一つは、ほかの群れを糾合していく、統合である。

五世紀前半の仁徳天皇の頃には、ほぼ確立されていたとみられる、広域にわたる支配体制は、大和政権を中核とする群れ＝集団が、こうした自己成長と統合を並列的に実現してきた結果と考えることができるだろう。

科学技術が進歩した現代では、国力を単純に計ることはむつかしい。国力には、さまざまなファクターがあり、一元的に評価することはできない。高度な先端技術も国力のファクターになるし、「文化力」もそうだ。農業生産力という面も、考慮しなければならないだろう。ほかにも、国力のファクターはたくさんある。

先端技術が反映した、高度な軍事力もそれにあたる。アメリカが、現代最強の国家だといわれる理由は、こうしたさまざまなファクターを総合した評価が、高いからであろう。

それでは、古代における国力、あるいは各地の「勢力」の力とは、どのように評価されるべきであろうか。

古代の国力の基盤は、支配者が包括している人口にあると考えてよいだろう。古代においては、すべての活動の根元的なエネルギーは人力であって、人力をどれだけ動員できるかでほとんどが決まってくるからだ。現代にくらべると、はるかにしくみは単純だったと想定してよいだろう。

食料をはじめとする「もの」の生産を考えても、その基本は人力であった。軍事力もしかりだ。もちろん、古代においても、人口以外のファクターが、あるにはあったかもしれないが、人口にくらべると、無視できる程度のレベルだったろう。古代の「国」力が、その人口で計れるとみてまちがいはない。

ただし、ここでいう人口とは、有力な「国々」の支配者が包括できていた人口のことである。むしろ、支配人口といったほうがよい。日本列島に生きていた、単なる生物学的な個体数のことではないからだ。古代、日本列島には、辺境の地で、いわゆる「国々」とは無関係に、ごく小さな群れをなして生きていた人々もいたはずである。こうした人々は、「国」の支配をうけていないので、支配人口に含めないということだ。

人口という数値情報も、国力と密接にむすびついている以上、古代を読み解く上で重要な役割をはたすはずである。

卑弥呼が魏に遣使したという史実から、われわれが単純にイメージする状況は、「帯方郡から遠く離れた海のかなたにある孤島の〝女王〟が、偶然使者を遣わした」といったものになりがちである。ところが、当時の「倭」の人口を数値で推定し、朝鮮半島情勢を考えていくと、まったくちがった光景が浮かび上がってくるのである。

さて、日本古代において、「国々」が、歴史にはじめて登場するのは、弥生時代である。漢書・地理志に「楽浪海中に倭人あり、分かれて百余国をなす。歳時をもって来たり、献見すという」という記事がそれである。西暦紀元前後の頃であった。考古学の時代区分でいえば、弥生時代のさなかにあたる。

この時期、「国々」によって包括されている人口、つまり支配人口の割合は、さほど大きいものではなかったと考えてよいだろう。日本列島全体でみると、ほぼ全域で人々の暮らしがあったことはまちがいないが、「国々」に包括されている人々は、ほぼ九州島の範囲内に限られていたとみられるからだ。

この頃から、さらに千年あるいは二千年と、時代を遡っていくと、「国々」が発生するほどには、成熟していなかった縄文時代にいたる。縄文時代、日本列島全域にわたって、人々は、ごく小さな群れをつくって生活していたことは、まちがいない。しかし、「国々」は存在していなかった。このときの人口とは、日本列島に暮らしていた人々の、まさに生物学的個体数そのものといえるであろう。

逆に、奈良時代にまで時代が下降すると、北海道や東北地方の北端部を除いて、日本列島のすみずみにいたるまで、大和政権の支配がゆきわたったとみられる。この場合には、支配人口が、生物学的個体数としての全人口に、ほぼ一致することになる。

縄文時代から弥生時代へ ―人口増加の転機―

縄文時代、人々は地域をこえて活発に交流していたが、人口の点でみるとやや停滞気味であったとみられる。縄文学者の小山修三氏によれば、縄文時代の日本列島の人口は、気候の温暖化に連動して、縄文時代前期頃（約五千年前）に、ピークの二六万人に達したという[24]。

縄文時代の人口の停滞は、食料の効率的な生産技術が未熟だったことが、原因と考えられている。最新の考古学の成果によると、青森県の三内丸山遺跡の大集落で人々が生活を営んでいた頃、九州では、一部ですでに稲作がはじまっていたという。稲作こそが、食料の効率的な生産技術の代表格であるが、この時期、日本列島の大部分では、栗やクルミなどの堅果類を計画的に栽培するというレベルがやっとの状況であった。

堅果類の栽培や採集に比べると、稲作技術がもたらす生産効率は、圧倒的であって、これが列島各地に普及するにつれ、人口の停滞から徐々に抜け出していくことになる。食料が潤沢に確保できれば、人口はいくらでも増加する。人口を抑制する主要因は食料である。

食料が必要なだけ確保できるならば、人口は、ねずみ算式に増加するといわれている。ねずみ算式の増加とは、幾何級数的、あるいは指数関数的ともいわれる増加のあり方であって、天敵のいない孤島に、一定数のねずみを放った後の、個体数増加の様子にたとえられる。

ねずみは、いくらでも欲しいだけ食料にありつけるため、個体数は倍々ゲームのように猛烈な勢いで増加していく。これがねずみ算式の増加である。

しかし、個体数が永遠に増え続けるわけではない。孤島における食料の自然生産量には限界があるため、個体数があるレベルまで達すると、それ以上の増加は不可能になる。すなわち、個体数が横ばい状態になって、停滞段階に入るわけである。

縄文時代の後半は、いわば人口の停滞段階にあったと考えてよいだろう。この停滞をうち破る鍵は、稲作であったが、種子さえあればどこでも簡単にやれるものではなかった。

稲作を計画的に実現するためには、森林を切り開くなど、土地を改良して水田を整備しなければならない。こうした土木工事を飛躍的に容易にしたものは、石器に代わる金属器という技術革新だったのである。

自然の湿地を利用するだけの、消極的な稲作では、人口の停滞をうち破る力にはならなかった。金属器が使用されるようになって、はじめて稲作面積が急速に拡大するようになったとみられる。まさに技術革新が世界を一新することになった。水田を開拓しさえすれば、必要なだけ、食料が確保できるようになったのである。つまり、人口がねずみ算式に増加する環境が生まれたわけだ。

小山修三氏の論を参考にすれば、日本列島の人口が、停滞から脱して、急速な増加に転ずるターニングポイントは、縄文晩期という長いトンネルを抜け出た後、つまり弥生時代への過渡期ともいえる時期だったようである。およそ三千年前に近い頃のことだ。

弥生時代になって本格的に稲作面積の拡大がはじまったといっても、日本列島全域で同時一斉にそうなったわけではない。

まずは、九州島中心の動きだったにちがいない。技術革新の波は、九州を発信源として東へ東へと伝播していったとみられる[25]。

九州が起点となった理由として、金属器という技術革新の情報が、大陸側からまず九州に伝播したこと、気候がどこよりも稲作に適した温暖な地域であったこと、稲作が初歩的にせよすでに試みられていたこと、などがあげられるであろう。

人口増加の数理モデル

九州において、人口が増加しはじめて人口密度が高まると、動きがまわりの空疎な地域に飛び火して、そこでまた増殖をくり返していく。人の移動もありえただろう。

こういう連鎖反応は、すくなくとも奈良時代の頃まで、日本列島の各地で持続していたと考えられる。日本列島全域でマクロにながめたとき、全人口は、ねずみ算式の人口増加の様相をしめしていたと考えてよいだろう。

ねずみ算式の人口増加は、もっとも単純な人口モデルであって、マルサスの『人口論』に端を発する[26]。現代では、さらに厳密な人口モデルが確立されているが、弥生時代にはじまる、日本古代の人口増加は、ねずみ算式の人口増加モデルがよくあてはまる状況にあったとみなして、論をすすめよう。

重要な一点がある。このモデルは、日本列島全域に生活していた生物学的な全個体数としての、人口増加モデルであって、支配人口といった政治的な意味を含んだ人口を対象にしたものではないことである。古代を読み解く上できわめて重要な支配人口は、人口増加モデルによって推定される全人口に、まったく別の観点から推測される人口支配率をかけあわせてみちびくことになる。

さきに述べたが、奈良時代の頃には、日本列島のほぼ全域が大和政権の支配下に入ったとみれば、人口支配率は一〇〇パーセントである。多少の誤差をゆるすとすれば、奈良時代は古代人口を考えていく場合の基準になるだろう。

さて、人口増加モデルを使って、日本古代の人口をじっさいに推定しようとすれば、人口が判明している年代が、いくつかあきらかになっていれば、理想的である。信頼できるデータがあれば、人口増加率（年率）なども正確に決めることができるからだ。残念ながら、現実は、基礎データがやや不足気味という状態だが、工夫すればやれないことはない。

古代人口の推定は、これまで何人もの人々が試みているが、基礎データが不足しているため、結論は人によって変動する。この点は、やむをえないとおもっている。

本書では、基礎データとして、表4・1にしめす四つの基準点を設けている。人口増加モデルをあてはめる方法としては、四つの基準点に対してもっとも誤差がすくなくなるように人口増加率などを決定する方法（最小二乗法）を採用した。四つの基準点を設定した根拠はつぎのとおりである。

【基準点A】小山修三氏の研究では、西暦一〇〇年頃における人口推定値が五九万人とされている[24]。この数値をそのまま採用した。

【基準点B】魏志倭人伝には、邪馬台国を含めて戸数が明記されている国々が八国あるが、これらの戸数の合計は一五万戸である。この中では、邪馬台国がもっとも戸数が多く、七万戸である。

さらに、女王国に包括されてはいるが、戸数が明記されていない国々の名称が、二一国紹介されている[27]。これら二一国の平均戸数を、さきの八国中で、人口大国である邪馬台国、投馬国、奴国の三国を除いた、中小の五国の平均戸数二千戸で代替させると、二一国全体では約四万戸となる。

一方、狗奴国ほかの国々についても戸数は不明である。ここで、邪馬台国に対峙する狗奴国の戸数を、邪馬台国よりやや少ない五万戸とみておこう。そうすると、女王国関連の国々と狗奴国をあわせた三〇国の総戸数は、二四万戸ということになる。

さらに、倭人伝にいうように、「倭種」の地域は、三〇国より東方にあったと考えよう。人口増加の波は、西から東へと伝播していったと考えられるので、西側三〇国の増加レベルにくらべると、時間差のため、増加レベルは、まだ低い状態だったと推測される。東北地方などは、縄文時代の停滞からやっと脱したか、どうかというレベルだったろう。つまり、人口増加のスピードに関していえば、

表4・1　四つの基準点

基準点	西暦年	人口（万人）
A	100	59
B	239	180
C	663	400
D	750	650

西高東低の状況が想定できる。

ここで、「倭種」の地域の総戸数の推測であるが、わたしは、西側三〇国のおよそ2／3程度の比率を考えることにしたい。そうすれば、東方の地域の総戸数は、一六万戸ということになる。

こう考えると、当時の日本列島全体の戸数は、およそ四〇万戸ということになる。

諸説があるが、四～五人とみられている一戸（世帯）あたりの平均人数を、四・五人と考えると、卑弥呼が魏に使を派遣した二三九年頃の人口は、一八〇万人となる。なお、この数値を、魏志倭人伝を参考にして推測したという意味で、「魏書人口」と呼ぶことにする。

【基準点C】斉明天皇と中大兄皇子が、百済救援のために派遣した倭軍の総数を、四万人と見積もり、それを百倍して当時の人口とした。豊臣秀吉の朝鮮出兵（文禄・慶長の役）や日清・日露戦争などでは、人口の一～二パーセント内外の軍兵を派遣している事実から、およその法則性を仮定した推定である。四〇〇万人という数値は支配人口であるが、この時代は奈良時代に近く、大和政権の人口支配率もほぼ奈良時代に近いとみて、多少の誤差をゆるしてこれをそのまま日本列島の人口とみなすことにする。

六六三年の白村江での敗戦で終結した百済救援作戦では、三波にわたる派兵があったようである。日本書紀によれば、第一波は五千人、第二波は二万七千人となっているが、第三波で白村江へ向かった水軍兵力の数字が明確ではない。ただし、百済側の期待として〝一万人〟という数字が記述されている。そこで、これを八千人とみなし、倭軍の総数を四万人とした。

【基準点D】有名な沢田吾一氏による、奈良時代の人口研究にもとづいて値を設定した。沢田氏の推定によれば、奈良時代の人口は、六〇〇万人～七〇〇万人とされている[28]。そこで、奈良時代の中頃である、七五〇年の人口を六五〇万人とした。

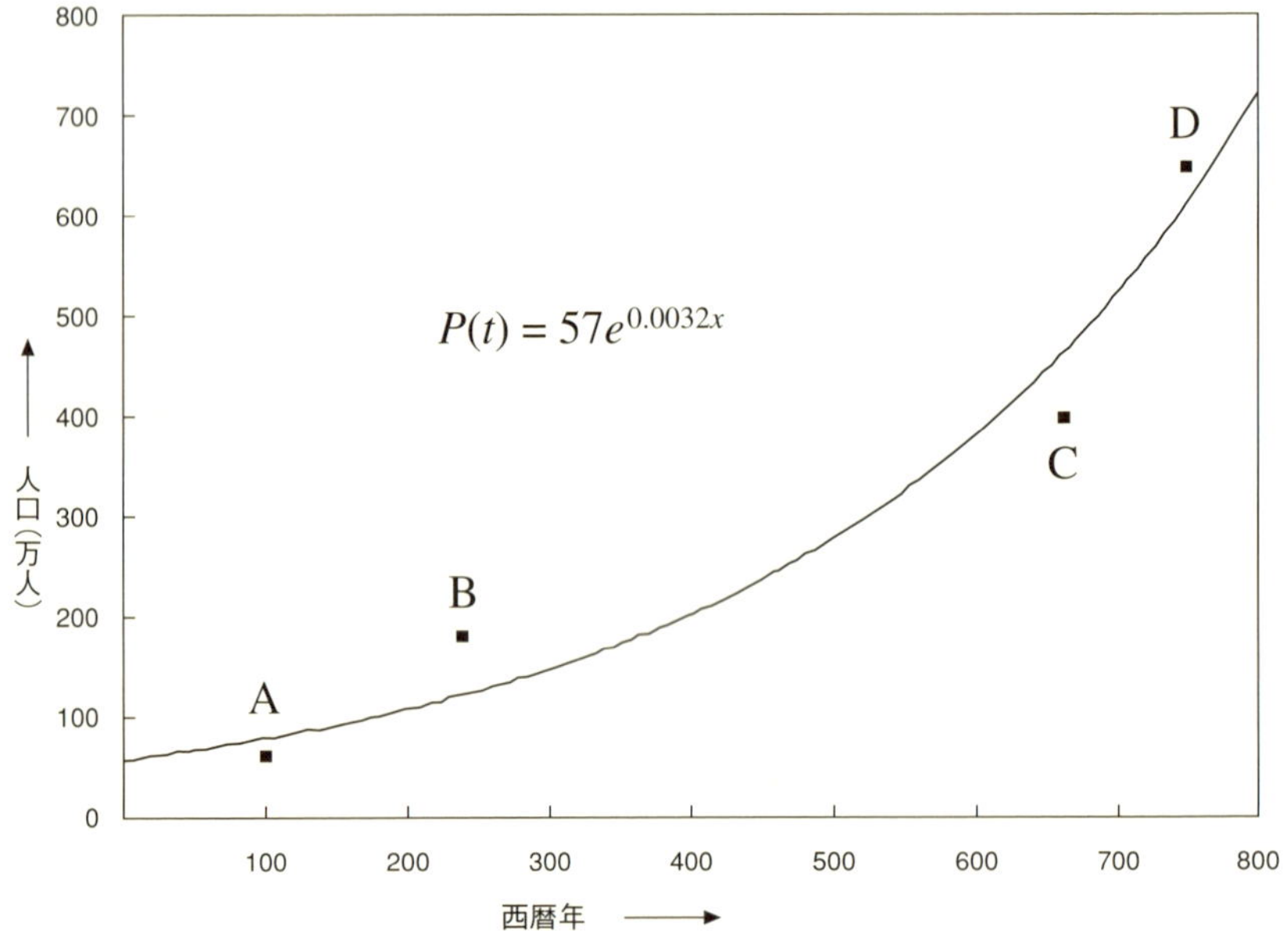

図４・１　古代人口曲線

さて、A～Dの四つの基準点に対する誤差が、もっともすくなくなるように、人口増加モデルをあてはめて図化した結果を、図４・１にしめしている。古代における人口増加の様子が、曲線（古代人口曲線）で描かれている。年率〇・三二パーセントの人口増加である。

この曲線を使えば、どの年の人口も推定できる。表４・２には、こうしてもとめた、西暦五〇年～八〇〇年の推定人口を、五〇年毎にしめしている。

表４・２　古代の推定人口

西暦年	推定人口（万人）
50	67
100	78
150	92
200	108
250	127
300	149
350	175
400	205
450	241
500	282
550	331
600	389
650	456
700	535
750	628
800	737

四つの基準点について、古代人口曲線は、比較的よく整合した形になっている。基準点のうち、AとDは、本格的な研究の成果として得られたものであるのに対して、BとCは、わたしの推測によってあたえたものである。にもかかわらず、全体として良好な整合性がみとめられるということは、曲線にある程度の合理性が

あると考えてよいだろう。

しかし、四つの基準点にしても、きびしくいえば、すべて推測値にすぎない。したがって、誤差はかならずあるのだ。表４・２の数値は、荒唐無稽な数値ではないにしても、誤差の存在を考えておかなければならない。この点は、本書だけではなく、古代人口をあつかうすべての著作に共通することなのである。たとえば、卑弥呼遣使二三九年における魏書人口は、基準点Bの説明にあるように、一八〇万人である。これに対して、古代人口曲線から得られる推定人口は一二六万人であって、魏書人口の七〇パーセントである。やや小さい数値になっている。

人口増加率

図４・１にある古代人口曲線は、年率〇・三二パーセントの人口増加を図化したものである。年率〇・三二パーセントの人口増加といわれても、それがどの程度のものなのか、すぐにはピンとこないだろう。古代人口曲線は、さきに書いたように、弥生時代にはじまる、ねずみ算式の人口増加を仮定してみちびかれたものである。表４・２にある推定人口でいえば、西暦五〇年に六七万人だった日本列島の人口が、八〇〇年には、七三七万人程度まで増加する。

もうすこし具体的にいうと、二五〇年間で人口が、二倍強になるペースである。この数値がどれほどのものなのか、江戸時代以降のデータと見くらべてみよう。

（１）江戸時代（一六〇〇〜一八七二）　増加率（年率）＝〇・六五パーセント

（２）明治時代（一八七二〜一九〇四）　増加率（年率）＝一・〇〇パーセント

（3）地球全体の人口（近現代）

一九〇〇年　一六・五億人

一九五〇年　二五・一億人

二〇〇〇年　六〇・五億人

江戸時代の増加率は、年率〇・六五パーセントであって、古代より、ややはやいペースで人口が増加している。明治時代になると、年率一パーセントのペースになる。

近現代の地球人口になると、百年で四倍近くになる、猛烈にはやいペースで増加している。まさに人口爆発である。

こうしてみてみると、古代における増加率〇・三二パーセントとは、近現代の人口爆発とはとても比較にならない、きわめてゆっくりとした増加であったことがわかる。増加のしくみは、たしかにねずみ算式ではあるが、近現代と比べると人口増加にかかわる時間尺度がまるでちがうということである。

首長による支配人口

日本列島に暮らした人々の全個体数としての人口は、図4・1の古代人口曲線によって推定できるとしても、古代を読み解く上では、「国々」と呼ばれる各地区の勢力の支配下にあった人々の人口、つまり支配人口の方がむしろ重要である。

支配人口とは、ある勢力の首長が支配している人々の人数である。古代には、強い勢力の首長が、ほかの中小勢力の首長を配下におさめているという場合もありえる。

このような、ヒエラルキをなす形で、広域の人々を支配する場合には、支配の強さが問題になる。つまり、そこに実効的な支配があれば、中小勢力の支配下の人々もすべて強い勢力の支配人口として計上することができるが、名分上の支配にすぎない場合には、支配人口にくみ入れることはできない。室町幕府後半の将軍の支配人口は、京都周辺の人々に限られていた例などがそれにあたる。

それでは、実効的な支配として、どういう状態を考えればよいか、ということであるが、たとえば、左記の条件がみたされているかどうかが、およそのめやすになるだろう。

（1）兵役・労役・収穫物・物品の拠出を強制できる。

（2）配下の首長を強制的に召喚できる。

日本古代の大首長として、卑弥呼、崇神天皇、および仁徳天皇の三人をとりあげ、それぞれの支配人口を推測してみよう。

ここで、支配人口は、日本列島の全人口に対する人口支配率という、比率を導入して推計することにする。つまり、つぎのように考えるのである。

支配人口 ＝ 全人口 × 人口支配率

【卑弥呼の支配人口】

卑弥呼の時代、日本列島に暮らしていた全人口は、図4・1の古代人口曲線から、およそ一二六万人と推定される。さきに、魏志倭人伝から「国々」の戸数をみちびいた。戸数と人口は比例関係にあるから、これをもとに卑弥呼の人口支配率を推測してみよう。まず、卑弥呼の地盤は邪馬台国にあるとして、七万戸は完全な支配下にあると考えてよいだろう。

問題は、そのほかの国々に実効支配がおよんでいたかどうか、である。倭国の女王としての地位は、よく知られているように、国々の首長たちによって「共立」された結果であって、名分上の地位と考えられる。しばしば、「邪馬台国連合」とも表現されているが、あくまで連合体制であって、さきに述べたような、強力な実効支配が国々におよんでいた、とは考えにくい。

こう考えると、卑弥呼の人口支配率は、当時の日本列島の全戸数を四〇万戸とすれば、そのうちの七万戸が占める比率として、一八パーセントと推計できる。全人口を一二六万人とすれば、卑弥呼の支配人口は、二三万人となる。

【崇神天皇の支配人口】

崇神天皇は、日本書紀で「御肇国天皇」(ハックニシラス天皇)と諡号されている。古事記では「所知初国天皇」と記されている。特段の活躍をした天皇であることがうかがえる。

第3章でのくわしい分析によって、崇神天皇の崩年は、はやくとも四世紀中頃とみなければならないことがわかった。そこで、とりあえず、これを三五〇年頃としておこう。

四道将軍派遣の伝承が物語るように、崇神天皇は、在位中に大和政権の支配圏を拡大すべく、軍事行動を積極的に展開した。

わたしは、戦国時代における織田信長の急速な版図の拡大をつい連想してしまう。尾張の一地区から立ち上がって、尾張全域を支配圏にできたのは先代からの事業継続でもあり、幸運もあったろう。信長の真価は、桶狭間の戦いで今川義元をうち破って以降の、版図の急速な拡大にこそ認められるべきである。

桶狭間からわずか十五年、支配圏を美濃、近江、越前、信濃などを含む広域に拡大して、その〝記念碑〟ともいうべき安土城を築造したのである。

ひるがえって、崇神天皇は、信長と同等以上の、広域な支配圏を四世紀中頃に確立したわけだ。地域でいえば、大和を中心とする、いわゆる畿内にくわえて、吉備(岡山)と九州北岸地区などがすくなくとも支配圏に入っていたとみられる。小山推計[24]による、奈良時代の地域別人口分布を参考にして、崇神天皇の人口支配率を推定すれば、四〇パーセント程度とみることができる。

この頃の日本列島の推定人口は表４・２から一七五万人であるから、崇神天皇の支配人口は、七〇万人と推計される。

【仁徳天皇の支配人口】

仁徳天皇の時代とは、その陵墓である仁徳陵の巨大さが象徴するように、古代大和政権の権勢が、朝鮮半島経営も含めてひとつのピークに達した時代であった。仁徳天皇とその時代については、後章でふたたびとりあげる。

表４・３　首長の支配人口

首長名	支配人口（万人）
卑弥呼	23
崇神天皇	70
仁徳天皇	180

仁徳天皇の時代、日本列島の一部に、大和朝廷の支配に服さない地域がすこし残っていたにせよ、ほぼ全域に実効支配がおよびつつあったとみてよいだろう。人口支配率は、八〇パーセントに達していたはずだ。

仁徳天皇の推定崩年は、表３・２から四二九年である。これを使えば、その頃の日本列島の全人口は、図４・１の古代人口曲線から二二五万人と読みとれる。八〇パーセントの人口支配率を考えれば、支配人口は一八〇万人と推計される。

表４・３に、卑弥呼、崇神天皇、および仁徳天皇という、日本古代のメルクマールともいえる三人の大首長の支配人口を一覧表にまとめている。

支配人口は、首長が支配していた「国」の国力の源泉であり、首長権力の根源であった。三人の大首長、あるいは大王について考えるとき、首長として、だれになにをしたのか、というような「関係」についての視点のみならず、首長権力の根源である支配人口という数値情報を考慮する必要があるだろう。仁徳天皇には可能であっても、卑弥呼には、意図したとしても、できないことがあったはずだからだ。

東アジアの古代を人口で概観する

弥生時代になると、日本列島の人口は、長い停滞から抜け出し増加に転じた。さきに書いたように、人口増加の原動力は稲作面積の拡大にあったとみられるが、その起点になった地域は、九州である。その理由として、金属器という技術革新の情報が大陸側からまず九州に伝播したこと、気候がどこよりも稲作に適した温暖な地域であったこと、稲作が初歩的にせよ縄文時代からすでに試みられていたことなどがあげられる。

人口が増加すると、当然人の移動と交流も活発になる。後章でもとりあげるが、縄文時代において、すでに日本列島各地の間では人々の活発な交流があった。人口が増加すれば、その動きがさらに加速されるのは当然だ。

西暦紀元前後の頃には、前漢の楽浪郡に海を越えて倭人が現れている。漢書・地理志に「楽浪海中に倭人あり、分かれて百余国をなす。歳時をもって来たり、献見すという」という記述があることはよく知られている[29]。この頃の人口は、図4・1からおよそ五七万人ぐらいだったとみられる。「百余国」とは、おそらく小さな地区に分かれていた勢力群をさすとみられるが、その中でも一部の勢力は楽浪郡へ、定期的に遣使するまでに成長していたことを意味している。

楽浪郡の位置は、現在の平壌付近と考えられている。かなり遠い場所である。そこに定期的に遣使するということは、はっきりしたメリットにつながる目的があったということだ。

どんな目的があったのか、その詳細は定かではないにしても、楽浪郡が、当時の朝鮮半島における、大きな勢力であったことはまちがいない。そこに向かって遣使するということは、九州を中心とする倭人勢力が、朝鮮半島を含む諸情勢を視野に入れた外交活動を展開していることにほかならない。

そもそも、楽浪郡に遣使するという、外交活動を行う前提としては、そこに楽浪郡があり、それがどんな勢力であり、地政的にどんな役割をもっているのかなど、朝鮮半島情勢についての情報を十分に取得できていなければならないはずだ。

さらには、楽浪郡への通行ルートについての情報（朝鮮半島各地の勢力や航海ルートに関する情報）や、コミュニケーションのための言語情報なども必要なはずだ。漢書の短い記述「歳時をもって来たり、献見す」は、当時の倭人が、これら必要なすべての情報をすでに獲得していたことを、物語っている。

情報は、人の移動にともなって伝播する。偶然の交流や一瞬の接触だけでは、情報は獲得されない。交流が何度も何度もくり返されるとともに、十分長い接触時間がなければ情報伝達はできないものだ。

西暦紀元前後の時代の倭人が、朝鮮半島の情勢に習熟していたという事実は、それにさき立つ、長い期間にわたって濃密な交流が行われていたことを暗示している。

人口増加の鍵になった、金属器という技術革新の情報も、やはり海を越えた交流の結果として、獲得されたものである。弥生時代の倭人が、交流を目的として朝鮮に向けて渡海することは、かなり日常的であったと考えるべきであろう。

漢書・地理志が伝える、楽浪郡にやって来た倭人の記録に固有名詞はない。固有名詞が現れるのは『後漢書』である。後漢書・東夷伝にはつぎの二つの記録がある。

「建武中元二年、倭奴国、奉貢朝賀す。使人自ら大夫と称す。倭国の極南界なり。光武賜うに印綬を以てす」（建武中元二年は、五七年）

「永初元年、倭国王帥升等生口百六十人を献じ、請見を願う」（永初元年は、一〇七年）

この二つの記録では、「倭奴国」や「倭国王帥升」などの、固有名詞が現れるとともに、遣使の状況についても、記述がかなり具体的になっている。図4・1（あるいは、表4・2）から、この時期の人口は、すくなくとも漢書にある楽浪郡への遣使の頃とあまり大差はなく、七〇～八〇万人程度であった。大きなちがいは、楽浪郡への遣使ではなく、後漢の本拠地である洛陽への遣使であったことである。

このちがいは、何を意味するのだろうか。おそらく朝鮮半島情勢がこの間に大きく変化し、そうした情報を正確にキャッチした結果の行動にちがいない。変化があったとすれば、朝鮮半島における諸勢力のパワーバランスに変化が生じたということであろう。具体的には、一つの勢力としての楽浪郡（公孫氏）が凋落し、弱体化した事態が想定される。

ここで、弥生時代の九州を中心とする倭人勢力と密接な交流があった、朝鮮半島における諸勢力の人口規模について考えてみよう。倭人との交流についての明確な記録は残念ながらすくないが、倭人伝で有名な魏書には、おなじく朝鮮半島の諸勢力についての記録がある。

人口は、邪馬台国とほぼ同時代の、たがいに近接した地域のパワーバランスを推測するのに有効なデータである。そこで、魏書に記載されている各勢力の戸数から人口を推定し比較してみることにしよう。おなじ魏書人口にもとづいた比較を行うということである。

邪馬台国時代の倭の人口については、図4・1にある基準点Bを得るために、魏志倭人伝から推測した一八〇万人という魏書人口を得ている。おなじく、魏書には、東夷伝として扶余、東沃沮、挹婁、濊、高句麗および三韓（馬韓・弁韓・辰韓）についての記録もある[27]。

この中で、扶余は大きな勢力であるが、高句麗の北方にあって朝鮮半島に直接的な影響をもたなかったとみて除外する。東沃沮と挹婁も同様に除外する。

高句麗以下、朝鮮半島の諸勢力の戸数はつぎのようになっている。

高句麗　三万戸
弁辰（弁韓＋辰韓）四〜五万戸
濊　　二万戸
馬韓　一〇万余戸
　　　　　　合計　二〇万戸

になる。

ここでも倭と同様に一戸あたり四・五人とすると、朝鮮半島の諸勢力全体が包括している人口は九〇万人ということになる。

一方、邪馬台国が実質的に連合している国々は、さきに書いた基準点Bの推測にあった近隣八国であって、内実はともかく、対外的には一つの勢力とみなされたであろう。そのための「連合」であったともいえるであろう。決して倭全体の一八〇万人（魏書人口）が一つの勢力とみなされたわけではない。八国の人口は六八万人（一五万戸）である。朝鮮半島の諸勢力全体の人口九〇万人よりやや少ないが、大規模な人口である。

馬韓は、百済の発祥地であり、弁韓は倭と関係が深い伽耶諸国であり、辰韓は新羅の発祥地である。倭は、弁韓から鉄を入手していた、という記録があることは、よく知られている。濊は、地理的な位置から推測して後に新羅に吸収されたものとみられる。

一方、当時の魏の人口はどれぐらいの規模だったのかも興味がある。残念ながら正確なデータはないが、三〇〇万人程度というのが妥当なところであろう。

朝鮮半島という、地政学的な空間に注目したとき、これにかかわる勢力として魏（半島経営のための楽浪郡・帯方郡を含めて）、高句麗、濊、三韓、および倭などがあったことになる。魏についていえば、人口三〇〇万人に象徴される、大きな軍事力をすべて朝鮮半島に投入できる状況ではなかった点に注目しなければならない。

つまり、文字どおり、まさに〝三国志〟の世界が大陸に展開していた時代であり、呉や蜀と激しく対峙していたからだ。こうした三面作戦の中で、東側の朝鮮半島方面にあてることのできる軍事力は、全体の1／3以下であったと考えるのが自然であって、朝鮮半島を軸にしてみたとき、魏の勢力は、人口規模でいうと実質的には、多くとも百万人程度の存在であったことになる。邪馬台国連合とそう変わらない規模である。

朝鮮の人口規模が九〇万人であったとしても、朝鮮半島内部の諸勢力は、たがいに対立する関係にあったことを考えると、個々の勢力からみたとき、隣接する魏と倭は、まさに、「大国」的な大勢力として認識されていた、と考えるのが自然であろう。

こういう状況の中、二三九年に邪馬台国の卑弥呼は、魏に遣使した。この地域をめぐる情勢を、すべて正確に把握した上での外交活動であったはずだ。

じつは、邪馬台国も問題をかかえていた。背後の狗奴国である。もし、倭の内部にこうした大きな対立がなく、さらに近隣勢力とも〝連合〟ではなく、完全な実効支配が実現されていれば、この地域におけるパワーバランスの中で、倭のしめる比重はさらに一段と大きいはずだ。

そういう状況が出現するまでには、さらに百年の時間が必要だった。卑弥呼の時代から百年後とは、崇神天皇の時代であって、巨大な陵墓古墳が築かれはじめた時代である。

第5章　前方後円墳の形を分析する

前方後円墳の形態研究

邪馬台国をふかく考えはじめると、前方後円墳という存在を無視しては、前へすすめなくなる。逆もしかりだ。前方後円墳を探究すればするほど、邪馬台国が気になりはじめるのだ。わたしの場合は、後者である。

いまなお、多数の前方後円墳が全国各地に遺存している。五千基を超えるだろう。最北端は、岩手県の角塚古墳である。大きな古墳ではないが、JR水沢駅の西方にある立派な前方後円墳である。わたしも訪れたことがある（図5・1）。

図5・1　角塚古墳
（岩手県、日本最北端の前方後円墳）

現地に立って、それを目のあたりにしたとき、よくぞここまで前方後円墳の築造情報が伝わったものだ、という感慨をおぼえたものだ。

前方後円墳の分布は、だれでも、奈良や大阪が中心になっていることは知っている。仁徳天皇陵などの、圧倒的に巨大な前方後円墳が、しかも多数、この地域に集中しているからだ。まさに、だれの目にもみえる古代の「畿内中心」の物的証拠が前方後円墳なのである。

第2章で紹介した論争史からみれば、邪馬台国畿内説は、「前方後円墳は畿内中心に分布している。だから、古代の政治の中心は、あきらかに畿内だ。当然、邪馬台国も畿内だ」という、〝単純明快な〟話からはじまったといえる。

飛鳥時代や奈良時代といった歴史時代になると、奈良が政治の中心だったことは、東大寺などの「物的証拠」をもち出すまでもなく、自明なことであるが、邪馬台国の時代となると、おなじようにはいかない。「古代」といっても、ひとくくりにできないちがいがあるからだ。第2章や第3章で述べたように、合理的な年代観からすれば、巨大な前方後円墳が奈良に築かれはじめた時代は、邪馬台国よりおくれるとみるのが自然なのである。

巨大な前方後円墳が、邪馬台国の時代より後に築かれはじめたといっても、大きな時間差があるわけではない。邪馬台国は、前方後円墳の時代の、まさに〝前夜〟の話であって、前方後円墳とやはり密接に関係している。各地に残っている前方後円墳のたがいの「関係」をしらべることは、前夜を読み解く上で重要な手がかりになるのだ。

前方後円墳は、多様な要素を含んでいる。考古学的な視点でいえば、墳形、埴輪、石室、棺、副葬品などが注目点であって、これらの全体が個々の前方後円墳の個性を決めているのである。前方後円墳どうしの、たがいの「関係」をしらべるということは、こうした個性を比較して、共通した面があるのかどうか、あるとすれば、どの程度の親縁度をもっているか、といった点を追究していくことである。

わたしは、若い頃、前方後円墳の墳形に興味をもったことがきっかけで研究を続けてきた。形態研究とよべるであろう。

形態研究では、目にみえる墳丘の形を数量的に分析して、前方後円墳どうしの築造企画の親縁度をしらべることに重点をおいてきた。仔細にしらべていくと、予期しなかった事実が判明したり、従前、感覚的にとらえられていた性向が、明確な数式によって説明できることがわかったり、といった新しい知見が得られたのである。

本章では、わたしの形態研究のうち、後章で展開する新しい邪馬台国論で必要になることがらを中心に、その要点だけをまとめて紹介したい。

前方後円墳を測る

形態研究の基礎データは、墳丘の実測図である。巨大な陵墓古墳の実測図は、宮内省が大正時代に作製していたが、一般には公開されていなかった。第二次世界大戦の後になって、末永雅雄氏が『日本の古墳』〔30〕を刊行し、陵墓古墳を含む主要な前方後円墳の実測図を公開した。これが、考古学における、前方後円墳の形態研究、あるいは型式学的研究の幕が開かれるきっかけになったことは、よく知られている。末永氏は、その後、拡充版である『古墳の航空大観』〔31〕を刊行している。

さて、以下に紹介する、わたしの形態分析法はきわめて単純である。墳丘を築くもとになった平面形（前方後円形の平面プラン）を実測図から推測し、四つの部位の大きさ（寸法）を数値で計測することが基本になっている。

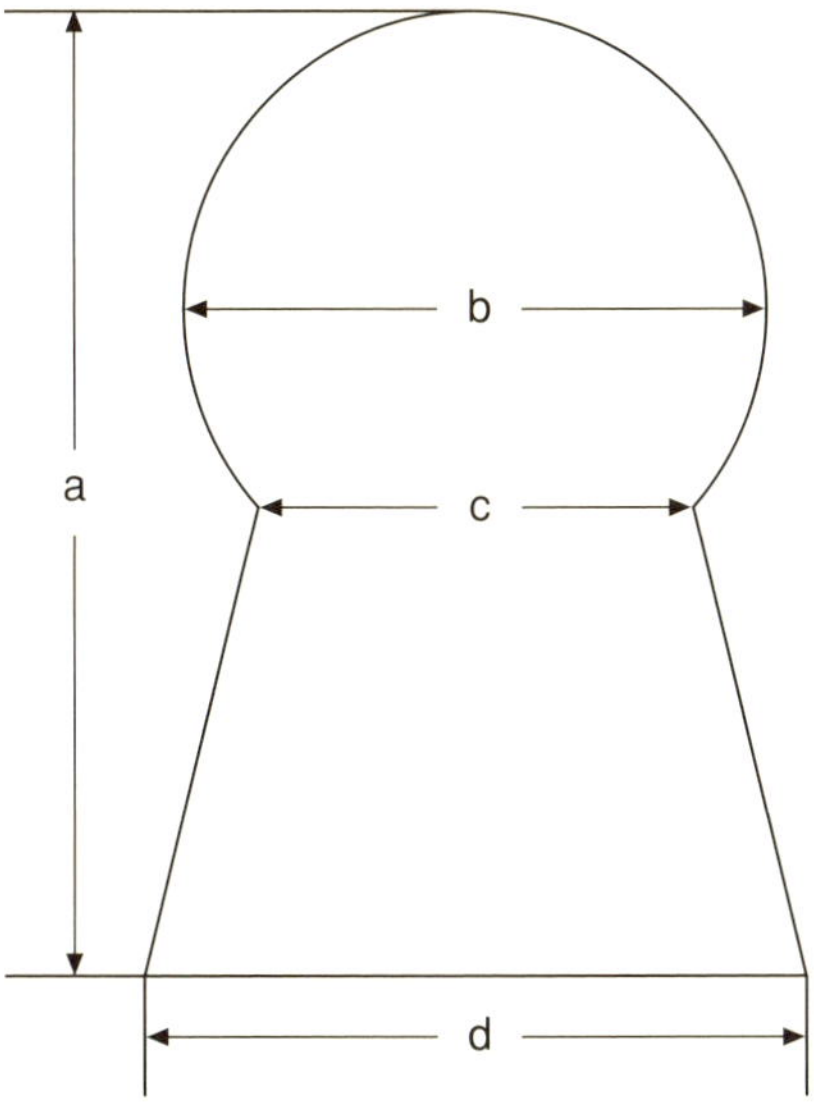

図5・2　前方後円墳の四つの部位

わたしが前方後円墳の形態研究をはじめた頃に、考古学の手ほどきをうけた上田宏範氏の分析手法〔32〕をはじめ、考古学分野で行われている型式学的研究も、この点に関しては、すべておなじである。

わたしの手法がはっきりちがっている点は、原形の推測にあたって、いっさいの仮説を用いないことである。仮説というのは、原形を推測する際、たとえば「後円部直径と墳丘長は整数比になっている」というような予断を、はじめから法則化、あるいは公理化してしまうことである。

わたしの手法は、実測図にある等高線形状をよく観察して、

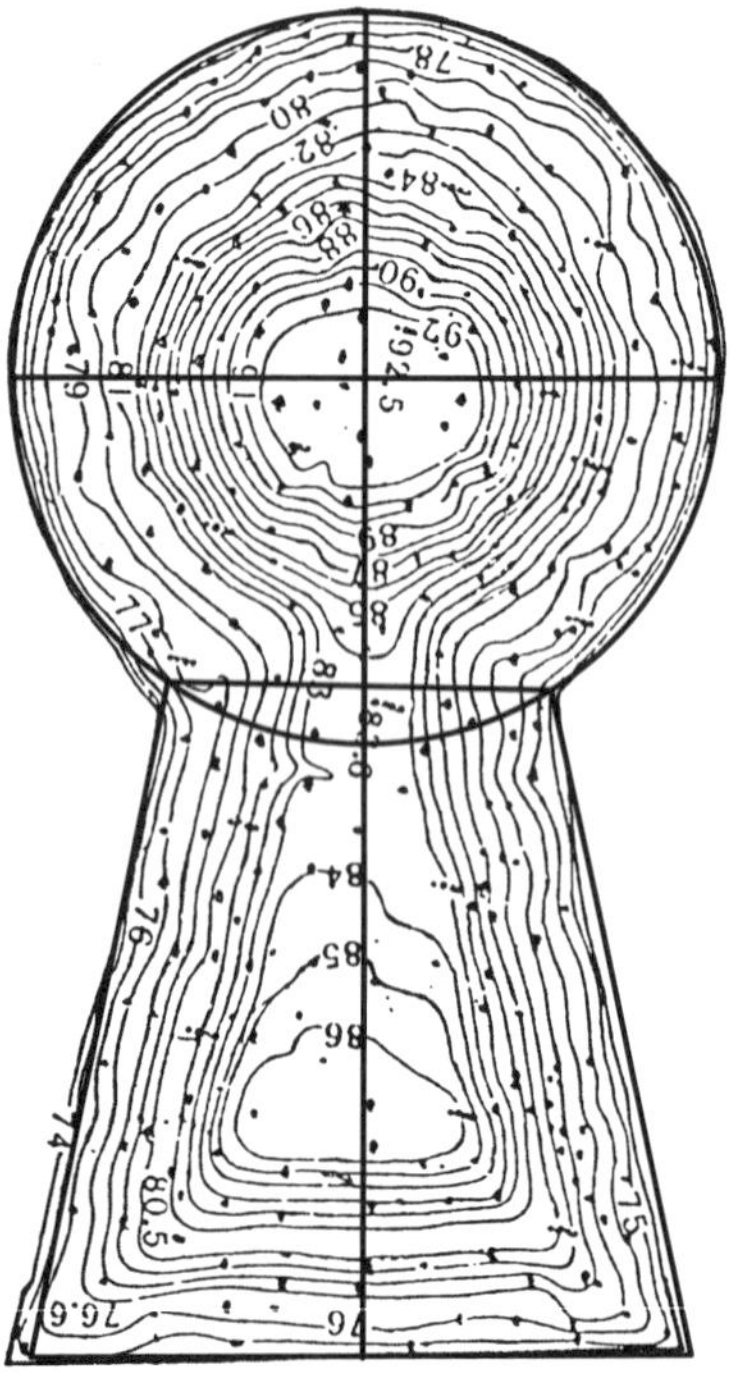

図５・３　垂仁陵（宝来山古墳）実測例

できるかぎり矛盾のない原形を追求し、図５・２にしめす、四つの部位の寸法を計測するだけである。仮説を用いないので、各部位の寸法はもちろんつねに整数比になるわけではないし、特別な比例関係が現れる保証もない。本来、こうした計測には必ず誤差をともなうことを考えると、仮説を用いる手法には（いわゆる理系人間として）抵抗感がある、というのが正直なところである。

さて、実測図から前方後円墳の原形を推測できれば、図５・２にしめす四つの部位、すなわち、墳丘長ａ、後円部径ｂ、くびれ部幅ｃ、および前方部幅ｄの、各寸法を計測すれば、墳形が数値化できる。

前方後円墳の具体例は、墳丘長五〇〇メートル近いものから、一〇〇メートル未満のものまである。形態を考える場合は、規模を捨象した方がよいので、わたしは後円部径を基準とした、つぎの三つの比率（相対値）を計算して分析する方法を用いている。

相対墳丘長　＝　ａ／ｂ

相対くびれ部幅　＝　ｃ／ｂ

相対前方部幅　＝　ｄ／ｂ

むかしのコンピュータは、計算機能だけで、ほかの機能はまったく未熟だった。四つの部位の寸法を計測するために、定規とコンパスを使って、実測図と格闘した時代がいまではなつかしい。

表5・1　前方後円墳14基の計測値と相対値

古墳名	墳丘長（m）	後円部経（m）	くびれ部幅（m）	前方部幅（m）	相対墳丘長	相対くびれ部幅	相対前方部幅
箸墓古墳	280	161	64	132	1.74	0.40	0.82
崇神陵（行燈山古墳）	268	154	65	122	1.74	0.42	0.79
西殿塚古墳（衾田陵）	233	143	67	134	1.63	0.47	0.94
景行陵（渋谷向山古墳）	289	163	83	153	1.77	0.51	0.94
メスリ山古墳	231	127	56	77	1.82	0.44	0.64
桜井茶臼山古墳	204	118	51	63	1.73	0.43	0.53
垂仁陵（宝来山古墳）	223	120	61	113	1.86	0.51	0.94
成務陵（佐紀石塚山古墳）	214	132	77	114	1.62	0.58	0.86
日葉酢媛陵（佐紀御陵山古墳）	205	128	69	88	1.60	0.54	0.69
神功陵（五社神古墳）	282	189	109	154	1.49	0.58	0.81
応神陵（誉田山古墳）	416	257	188	290	1.62	0.73	1.13
仁徳陵（大山古墳）	486	244	163	300	1.99	0.67	1.23
履中陵（石津丘古墳）	362	208	150	237	1.74	0.72	1.14
土師ニサンザイ古墳	288	160	110	226	1.80	0.69	1.41

昨今、技術革新のおかげで、コンピュータの図形操作機能が進歩し、実測図をスキャナーでとり込みさえすれば、原形の推測から三つの相対値の計算まで、すべてパソコンシステムで一貫して行うことができるようになった。何回でもやり直しがきく。まさにコンピュータ考古学である（図5・3参照）。

前方後円墳の墳形の計測手順をまずは簡単に紹介した。数量的な形態分析の全般についての詳細は、拙著［4］を参照していただければさいわいである。

陵墓古墳の形態分析

さて、前方後円墳の実測図を計測して得られる、右記の三つの相対値からどんなことがわかるのか、具体的に墳丘を計測してしらべてみよう。

畿内の大型前方後円墳のうち、前方後円墳発生ゾーンとみられる奈良盆地東南地区にある古墳六基、奈良盆地北部四基、および大阪の巨大古墳四基を加えた、合計一四基についてしらべた計測値と相対値を、表5・1に一覧表でしめしている。

前方後円墳が出現した以後、つぎつぎと築造されていく過程で、徐々に形態が変化していくことは、むかしからよく知られている。この変化についての研究が、いわゆる型式学的研究である。紙幅の都合で詳細は省くが、墳丘のデザインとして、いくつかのタイプ（型式）が想定されていることも、こ

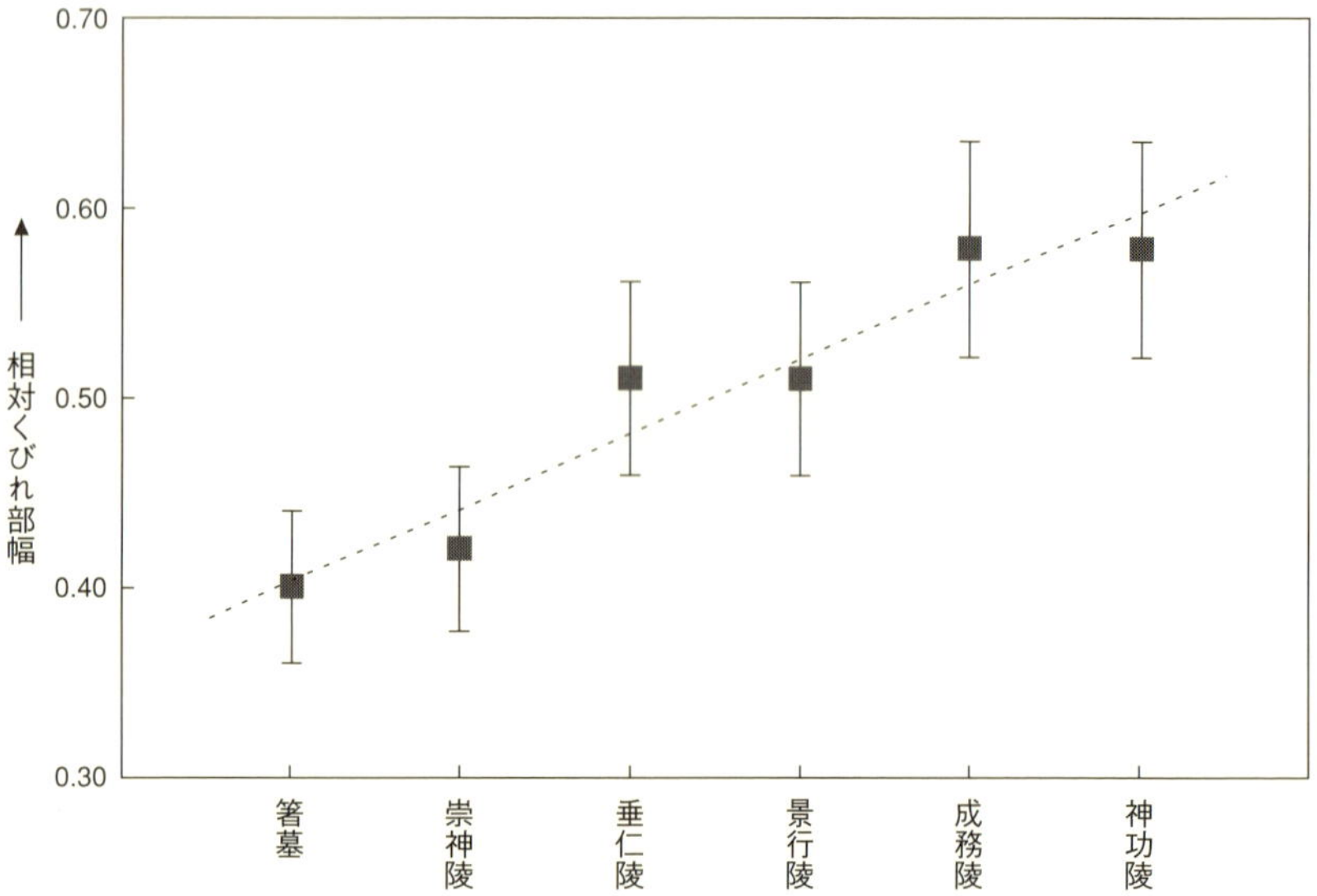

図5・4　陵墓古墳の相対くびれ部幅

うした型式学的研究の成果である。

わたしの研究から得られた知見のひとつは、前方後円墳の初期段階における形態変化の特徴として、相対くびれ部幅に一貫した増大傾向がみられるということである。いつまでが「初期段階」なのか、ということであるが、数値的にいえば、〇・六未満、表5・1でいえば、上から順にみて、神功陵あたりまでということになる。考古学的編年観でいえば、「前期古墳」（『前方後円墳集成』編年Ⅰ期〜Ⅲ期）ということになろう。

図5・4は、さきの一覧表の上位から神功陵までの陵墓古墳を六基抜き出して、それぞれの相対くびれ部幅を図化したものである。横軸にならぶ陵墓の順序は、記紀が伝える「被葬者」の時代順に配列している。図では、上下一〇パーセントの誤差範囲も明示している。図中の点線は、全体の傾向を表現する回帰直線である。

さて、図5・4を大観すれば、相対くびれ部幅が右肩上がりの増大傾向をもっていることがわかる。記紀が伝える被葬者の時代順序と墳丘の数値的特性が比例するということだ。陵墓名と被葬者の不整合という問題があるが、この六基についていえば、形態編年上の矛盾はまったくない。

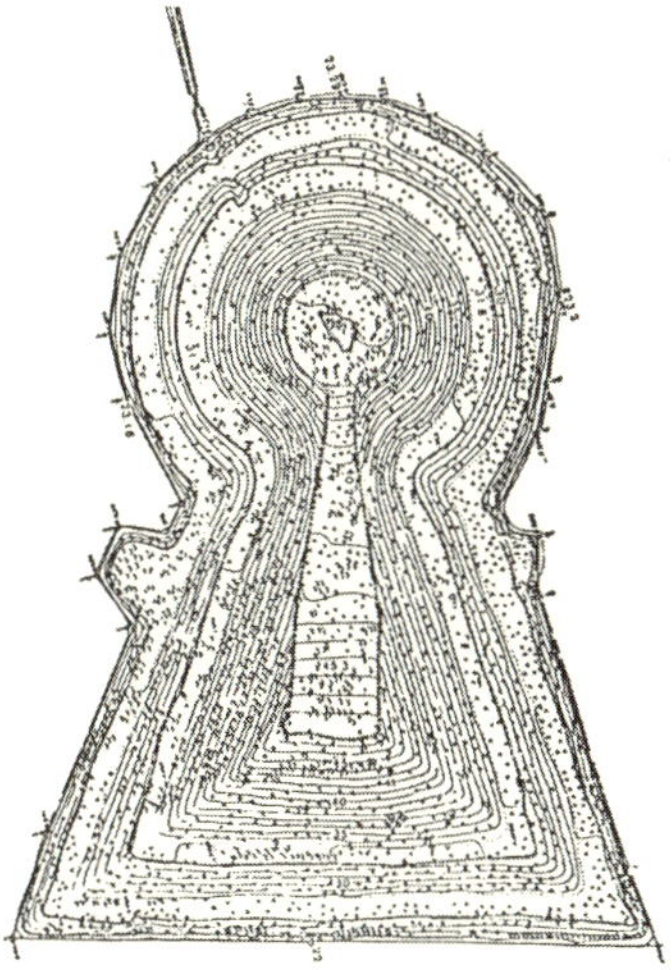

土師ニサンザイ古墳

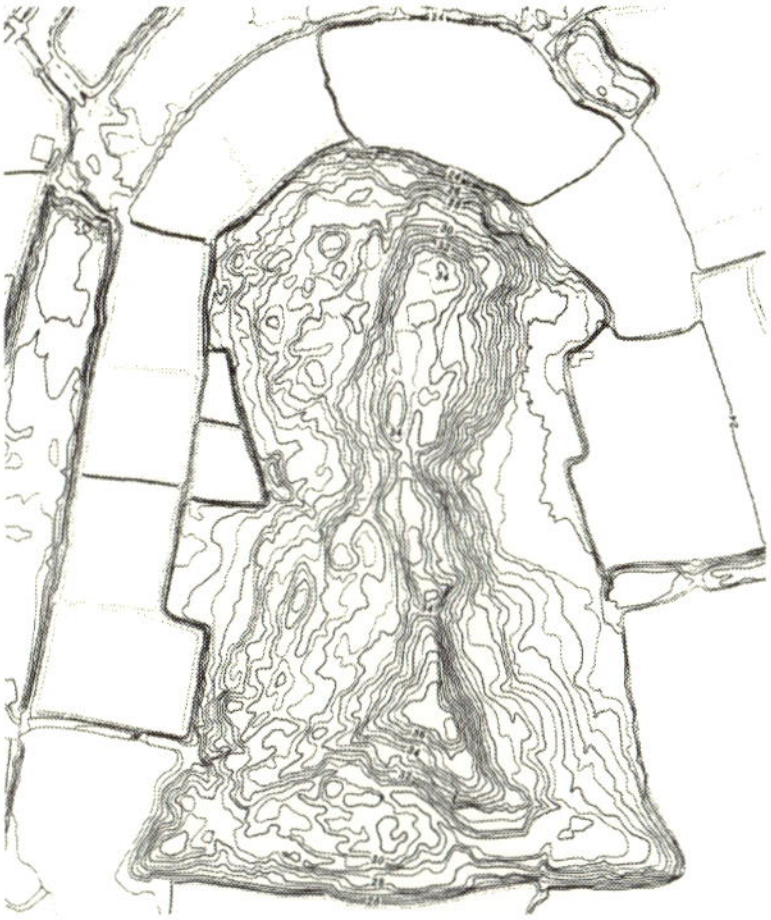

今城塚古墳

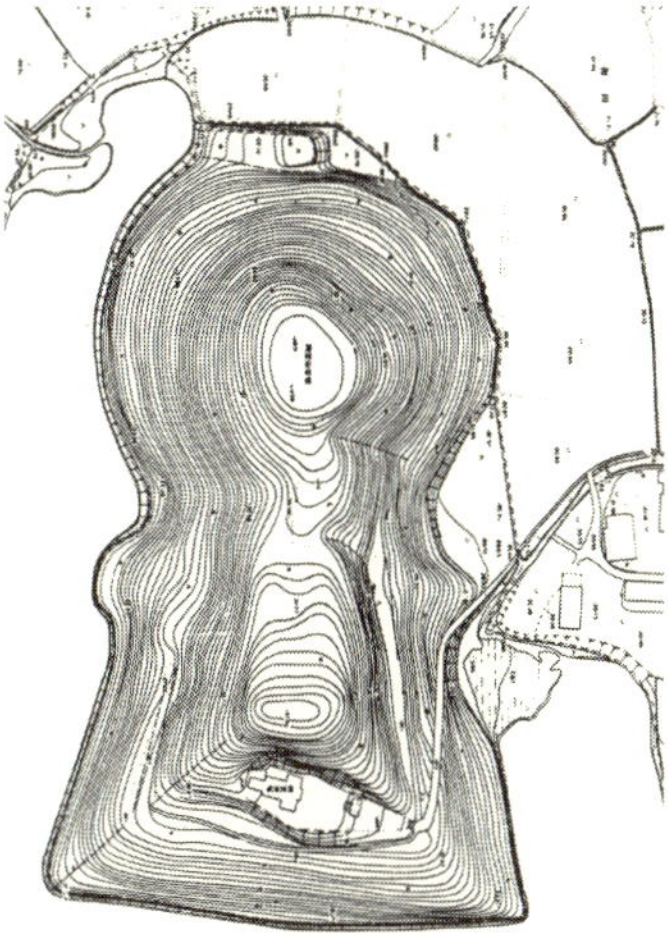

両宮山古墳

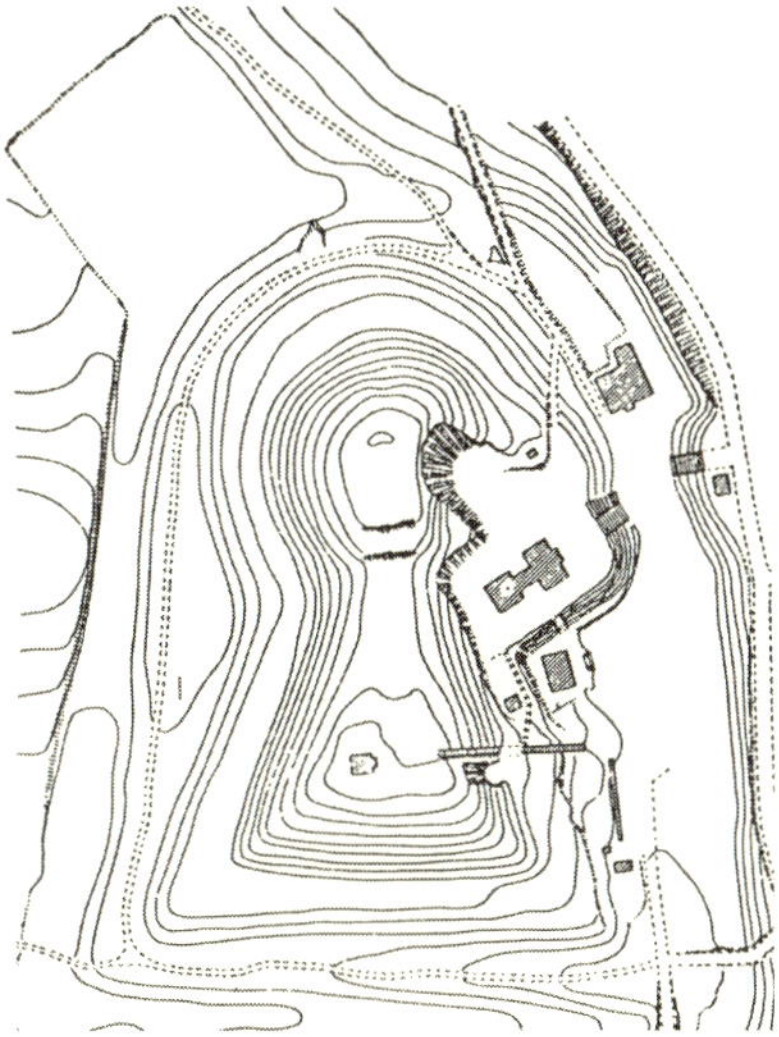

筑後岩戸山古墳

図５・５　土師ニサンザイタイプの古墳

一方、崇神陵についてだが、西殿塚古墳と入れ替えてみても、さきの意味で矛盾は起こらない。つまり、西殿塚古墳を「崇神陵」と考えてもおかしくないということだ。仮にそうだとしても、崇神天皇の存在じたいが、否定されるわけではない。陵墓治定の問題について、くわしくは他書を参考にされたい［6］。

相対くびれ部幅が古墳の築造年代に比例して増大するという数値的特性は、これまでみてきたように前期古墳にみられる特性であって、編年観を形成する。しかし、中・後期古墳になると相対くびれ部幅の増大は止まる。むしろ、墳丘のデザインを規定する、いくつかのタイプ（型式）がつぎつぎと生まれてくる状況に変わっていく。

わたしの研究では、応神陵タイプ、仁徳陵タイプ、土師ニサンザイタイプなどを想定し、それぞれに属する古墳のグループをみちびいている。タイプの差異は、古墳築造の専門家集団のちがいによるものなのか、あるいは被葬者の親縁関係によるものなのか、いまの段階では明らかではない。

編年観を確立できるほど鋭敏な数値的特性ではないが、中・後期古墳の相対前方部幅が、時代とともに次第に増大する傾向をもつことはわかっている。

中・後期古墳における相対前方部幅の増大傾向を、墳丘の立体的なデザインという視点でみると、前方部を壮大に高めたいという意図の反映と考えてよいだろう。土砂が素材だから、壮大に高い前方部を実現しようとすると、「安息角」の法則から、必然的に底辺を大きくする必要があるわけだ。

土師ニサンザイ古墳は、古墳時代の終末期に築造された、前方後円墳のいわば最終型式ともいえる古墳である［4］。相対前方部幅が一・四一まで増大しているが、これは前方後円墳発達の極限値なのである。実際、土師ニサンザイ古墳の前方部の高さは二五メートルであり、後円部の二三メートルを超えている。前方部発達のまさに極限である。先行して築造された応神陵、仁徳陵、あるいは履中陵なども、たしかに前方部は発達しているが、高さにおいて後円部を超越してはいない。

畿内の前方後円墳が、時代とともに形態を変化させていったことは、表５・１にしめした少数の例をみてもよくわかる。遠隔の地においても、前方後円墳の形態が、畿内とゆるく連動しながら変化していく傾向はおなじである。古墳時代の終末期を代表する、土師ニサンザイタイプを例にとってみても、各地に同タイプの古墳をみつけることができる。たとえば、畿内では、本当の継体天皇の墓とみられている今城塚古墳、吉備の両宮山古墳、「筑紫の君」磐井の墓とみられる筑後岩戸山古墳、東海地方では断夫山古墳をあげることができる（図５・５参照）。磐井の没年五二八年や継体天皇崩年五三一年を基準にすれば、すべて六世紀前半頃の築造と考えてよいだろう。

墳丘の高さを推測する

さきに、墳丘を壮大に高く築こうとすると、土砂の安息角の法則から、底辺を大きくする必要がある、と書いた。直感的にうなずける話ではあるが、数量的にみて、どの程度厳密な法則なのかという点では、あまり期待感はなかったというのが正直なところである。

ところが、じっさいにしらべてみると、「予想」に反して、かなり厳密な法則性のあることが判明したのである。

畿内の大型前方後円墳を中心に、墳形の保存状態が良好な二八基を選び、それぞれの後円部径と後円部高をしらべた。後円部高は、実測図の等高線を下から数えていって、実高値をもとめた。得られた二八組のデータについて、横軸を後円部径、縦軸を後円部高とした平面座標で散布図を作成した。

一見しただけで、かなり強い相関をもつことがわかった。相関係数〇・九一で、つぎの線形回帰式が成り立つこともあきらかになったのである[33]。

$Y = 0.14X + 1.37$（回帰式）

図5・6　墳丘の損傷がはげしい今城塚古墳（大阪府高槻市）

ただし、Xは、後円部径、Yは、後円部高である。単位はすべてメートルである。

右の回帰式は、とても便利だ。図5・3にしめされるようにして、実測図から後円部径が計測できたとしよう。後円部高は、回帰式に後円部径の計測値を代入すれば、ただちに得られるのである。

一般に、前方後円墳の墳丘は、築造後およそ千五百年ほど経っている。その間に、自然的あるいは人為的な損傷をこうむっている場合が多い。とくに、後円部高などの「高さ」については、実測図があったとしても、図5・6の例のように、等高線から読みとれるものではないし、読みとったとしてもその実高値に信頼性はない。築造時の高さが、あきらかにうしなわれているからだ。

右記に紹介した回帰式は、後円部に関するものであったが、くびれ部と前方部についても、おなじような回帰式を得ている[33]。すなわち、図５・１にある後円部径、くびれ部幅、および前方部幅という三つの部位の大きさがわかれば、それぞれに対応する高さがみちびけるというわけだ。現代にいたるながい時間の過程で、封土が削平され、墳丘が消滅してしまった前方後円墳があったとしても、発掘調査によって、すくなくとも平面形がわかれば、墳丘各部の高さがかなりの精度で推測できるというわけである。

応神陵と仁徳陵 ― 二つの巨大古墳 ―

応神陵（誉田山古墳）と仁徳陵（大山古墳）は、それぞれ応神天皇と仁徳天皇の陵墓であるが、最大級の規模をもつ前方後円墳である。

二つの古墳がどれだけ巨大なのか、まず数値で比較してみよう。

一九八二年に、わたしが当時のコンピュータを使って算出した両古墳の体積は、つぎのようになっている[4]。

応神陵　体積一四〇万立方メートル（墳丘長　四一六メートル）

仁徳陵　体積一六四万立方メートル（墳丘長　四八六メートル）

この数値は、現在でもそのまま有効である。

当時、「墳丘長でいえば仁徳陵が最大だが、体積では応神陵が最大だ」という見解が、通説となっていた。その根拠は、一九五五年に、宮内庁書陵部紀要に掲載された梅原末治氏の論文にあった[14]。

梅原論文によれば、応神陵の体積は、わたしの計算とほとんど一致しているが、仁徳陵の数値がつぎのように小さく

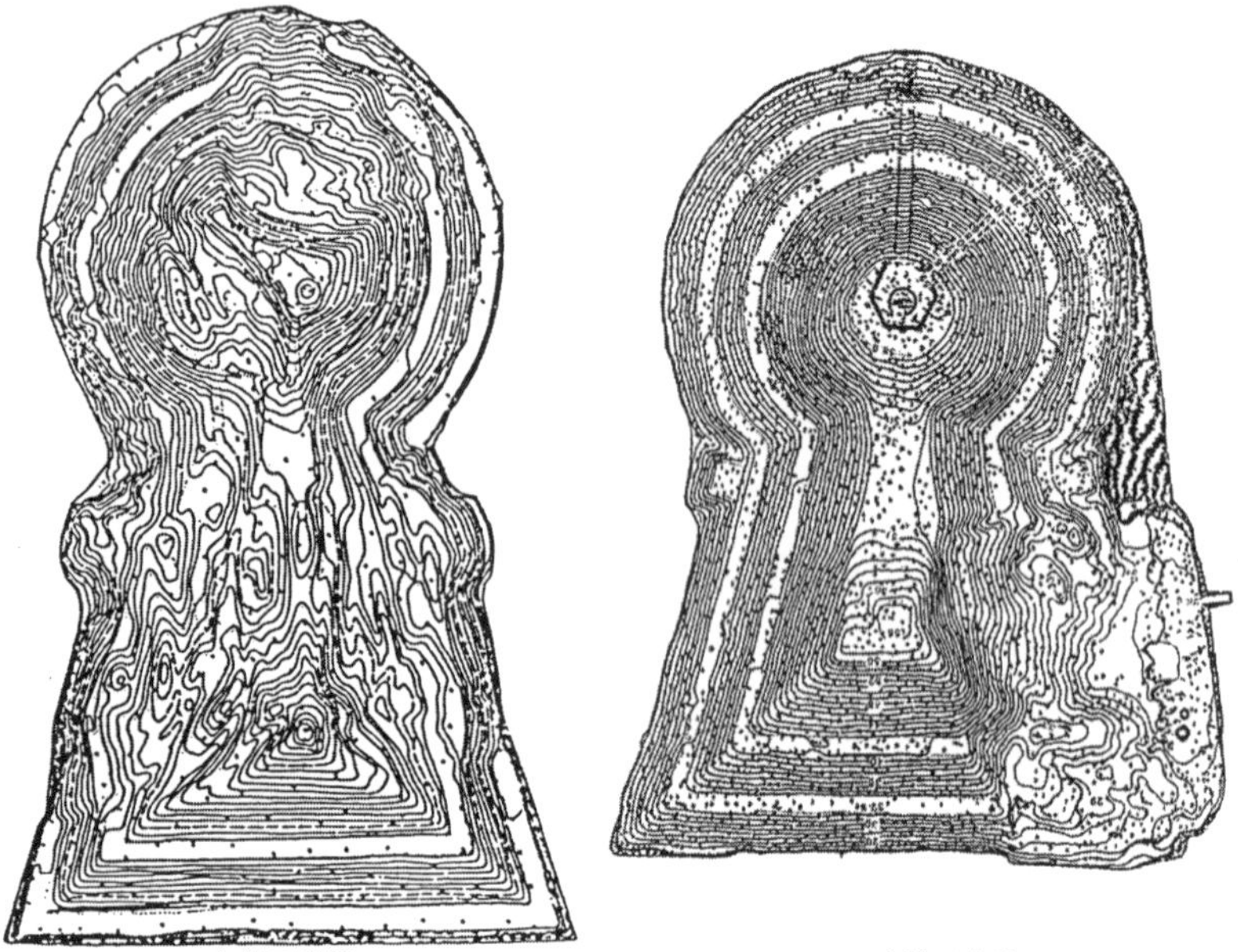

仁徳天皇陵　　応神天皇陵

図5・7　応神天皇陵と仁徳天皇陵の実測図（墳丘部）

なっていたのだ。

梅原論文の仁徳陵　体積一三七万立方メートル（墳丘長　四七五メートル）

たしかに、こうなら、わずかだが応神陵の方が大きい。

結論からいうと、梅原論文とわたしの計算は、どちらもまちがってはいなかった。実測図の〝読み方〟に差異があったのだ。

わたしは、仁徳陵の実測図にある、もっとも下位の等高線が、墳丘の外周線とみて、そこから上を墳丘部とし、体積を計算した（図5・7参照）。一方、梅原論文では、下位三本の等高線を墳丘とみなさず、四本目以上を墳丘部とみて体積を計算していたのである。

つまり、理由はわからないが、仁徳陵の墳丘を実測図より、やや小さめに見積もった計算だったのである。結果として、当然墳丘長も小さくなる。四七五メートルである。

当時もいまも、考古学関係の論文や著述に記載されている仁徳陵の墳丘長は、ほとんどが四八六メートルであって、実測図の外周線をそのまま墳丘とみれば、縮尺から換算して、自動的にわたしが計算した場合とおなじ四八六メートルになる。

四七五メートル説は、わたしの知るかぎりかなり少数派である。じつは、大林組がおこなった仁徳陵築造に要する労働量の試算では、めずらしく四七五メートル説が採用されていた[34]。もし、この試算が四八六メートル説で行われたとすれば、労働量の試算値はもっと増えることになったであろう。

応神陵と仁徳陵の体積計算では、書陵部の実測図にある等高線のすべてを正確にコンピュータに入力し、シンプソンの公式を用いて厳密な計算をおこなった。

この計算を実施したときよりさきに、やや簡略なコンピュータ計算であったが、八一基の前方後円墳の体積計算をおこなっている。その結果は、わたしの初期の論文に掲載されている[35]。一方、石川昇氏は、独自に考案した計算法を用いて各地域に分布する前方後円墳の体積をくまなく計算し、労働量の視点から、畿内政権が包括する地域間の構造について論じている[36]。

全国に分布する前方後円墳の中には、実測図がないか、あったとしても墳丘の崩壊が激しくて、およそ体積計算に適さないものが圧倒的多数である。このような場合、築造時の墳丘体積を概算する方法があれば便利であろう。もし、墳丘長（メートル）がわかるなら、つぎの計算式によって、体積の概算値を得ることができる。

墳丘体積の概算値 ＝ ○・○一四三 ×（墳丘長の三乗）立方メートル

箸墓古墳は卑弥呼の墓か ― 墳丘体積から検討する ―

箸墓古墳は、考古学的に最古級と判定されている前方後円墳というだけではなく、日本書紀・崇神紀に、倭迹迹日百襲姫命（ヤマトトトヒモモソヒメ）の墓と伝えられている神秘性豊かな古墳である（巻頭グラビアおよび図5・8参照）。近年、邪馬台国畿内説とからめて、卑弥呼の墓と考えたい論者のつよい関心を集めてもいる。しかし、本書の第1章や第2章で、倭迹迹日百襲姫命＝卑弥呼とする、笠井説をとりあげ、年代観からそれが成立しえないことをあきらかにした。

箸墓古墳は、ほんとうに卑弥呼の墓なのか。ここでは、墳丘体積の視点から、この問題を再度考えてみることにしよう。

箸墓古墳が、崇神天皇の時代につくられたとすると、その頃の支配人口は表4・3から七〇万人程度とみられる。五世紀前半に、仁徳陵という巨大古墳が築造されたことは前述した。途方もない労働力や資材をゆうゆうと調達できる「国」力ができていたからである。仁徳天皇の支配人口は、おなじく表4・3から、一八〇万人である。

古墳築造に要する労働力は、大林組の試算［34］にもあるように、古墳の体積にほぼ正比例するとみてよい。一方、古墳の体積は、さきに書いたように、墳丘長の三乗に比例して増大する。墳丘長が二〇〇メートルの古墳の体積は、墳丘長一〇〇メートルの古墳の八倍の体積をもつわけだ。

それでは、仁徳陵は、箸墓古墳の何倍の体積をもっているのだろうか。箸墓の墳丘長は二八〇メートルであり、仁徳陵は四八六メートルである。墳丘長でいえば、仁徳陵は、箸墓の一・七倍である。体積にすれば、一・七の三乗であるから、四・九倍である。ざっと五倍とみておこう。

逆に、仁徳陵を基準にすれば、箸墓の体積は1／5というわけだ。仁徳陵を築造できた背景には、一八〇万人という支配人口があった。この基準でいえば、箸墓古墳を築造するためには一八〇万人の1／5の支配人口が必要になる。つまり、三六万人の支配人口が必要になるはずだ。

卑弥呼の支配人口は、おなじく表4・3から二三万人である。これでは、箸墓古墳を築造するにはまったく不足だ。

「国」力の視点からみても、箸墓は巨大すぎて卑弥呼の墓ではありえない。

一方、さきに書いたように、崇神天皇の支配人口は七〇万人である。これだけの支配人口を背景とするならば、大和政権が、前方後円墳発生ゾーンに、箸墓古墳一基のみならず、図6・4（一三二ページ）にみえる、巨大古墳をつぎつぎに築造できたとしても、何の不思議もない。

さきにふれたが、ほんとうの「崇神天皇陵」はどれかという、厳密な治定の問題は他書にゆずるとしても、その候補が、図6・4にみえる巨大古墳のどれかであろう、という表現に変えれば、ほとんど異論はないはずである。

崇神天皇は実在の天皇であり、信頼できる崩年は、はやくとも四世紀中頃である。これは前章のくわしい崩年分析から得られた、動かない定点である。

そうすると、いずれの古墳が崇神陵とみなされるにせよ、その年代は必然的に、四世紀中頃ということになる。図6・4にみえる巨大古墳は、問題の箸墓古墳を除けば、すべて四世紀中頃以降の築造になるとみてよい。もし、箸墓古墳が卑弥呼の墓であるとすると、三世紀中頃に、ひとつだけ巨大古墳が纒向地区に築かれ、その後百年近く、箸墓クラスの巨大古墳の築造がないという、長い空白が生ずることになる。これは不自然だ。

図6・4にある、纒向地区近辺の巨大古墳それぞれの墳形を、表5・1の相対値によって箸墓古墳と比較してみても、百年経過したような大きな変化はみられない。ごくわずかのちがいがあるだけである。逆に、百年余り後の、土師ニサンザイ古墳の墳形（図5・5参照）が歴然と変化をとげていることと対照的である。

形態の変化に関する経験則からしても、箸墓古墳の年代だけを百年前にもっていくことは不自然であって、形態も類似している隣接の巨大古墳に近い年代を想定する方が、はるかに自然である。

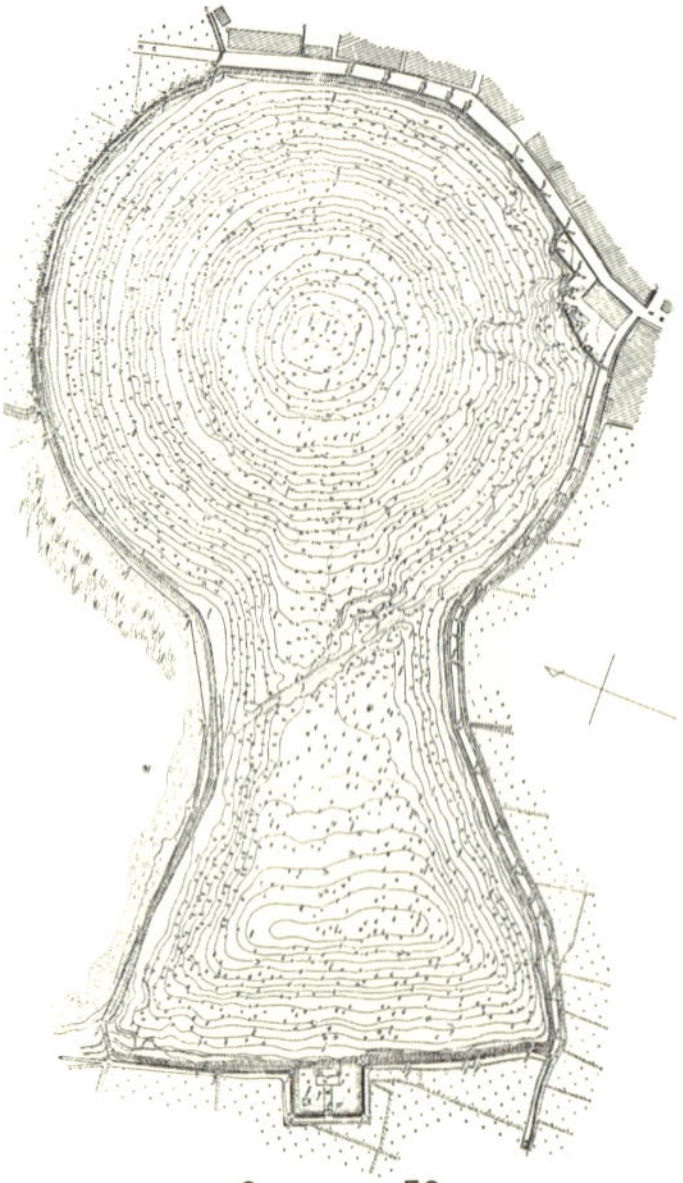

図５・８　箸墓古墳実測図

墳丘の段築をしらべる

応神陵と仁徳陵の体積計算をおこなっていたとき、わたしは、実測図に描かれている等高線の読み方、つまり、どの等高線より上位を墳丘とみなすかは、考古学者の自由裁量というか、比較的自由な解釈がゆるされるものと考えていた。

ところが最近になって、どうもそうではないと考えるようになった。

前方後円墳は、想像以上に厳格な築造企画によって築かれていることがわかってきたからである。その一つは段築に関する企画性である。段築とは、長い斜面の〝すべり〟による崩落を防止するため、途中にテラス部を設ける土木工法である。

畿内にある中期以降の、主要な前方後円墳の後円部の段築を、実測図にもとづいて綿密にしらべた結果、下段、中段、上段の三段築成になっていて、さらにその高さの比が1：1：3になっていることが判明したのである[37]。応神陵も正確に1：1：3である。これは段築における厳格な企画性を裏づけるものである。

前方後円墳のこうした三段築成については、従前からよく知られていた事実にすぎないが、実測図を綿密に観察して、その企画の厳密さを体験的に学習したわけだ。

ところが、問題の仁徳陵については、この三連比が0.5：1：3となっていて、下段が異常に小さすぎることがわかったのである。理由はすぐにわかった。墳丘下部が水没しているために、本来描かれるべきもっと下位の等高線が描かれていないだけなのだ。

周濠の水位は変動する。たまたま、大正時代に実測したときの季節によってか、墳丘下部が水没していたというわけだ。水没していなければ、1：1：3になっていたはずである。

こうなると、等高線の読み方に自由裁量の余地はないのだ。

もし、1：1：3になるように下段の等高線をきちんと復元すれば、仁徳陵の体積はさらに大きくなると同時に、墳丘長も大きくなる。概算だが、仁徳陵の復元値はつぎのようになるだろう。

仁徳陵復元値　体積二一〇万立方メートル（墳丘長五〇〇メートル）

仁徳陵の墳丘はこのように巨大であるが、それを囲む墓域はさらに広大である。周濠は三重であって、もっとも外側の周濠を囲む土堤の南北長は、およそ八〇〇メートルに達している。しかも航空写真で全体を大観すると、きわめて整然とした寸分のすきもない完璧なシンメトリーがそこにあるのだ（巻頭グラビア参照）。

わたしの専門はもちろん土木工学ではないが、技術者のはしくれとして強烈な印象をうけている。技術のすごさに、である。

私見であるが、当時の土木工学の技術水準、とくに理論的水準は現代とほとんど変わらないものであったと考えている。そうでなければ、こんな精密な前方後円墳はつくれるはずがないとおもうのだ。

たしかに、コンクリートや鉄材など現代的な素材はなかった。動力を備えた重機類もなかった。すべて人力による土の掘削や盛土による築造であった。支配人口からみて、築造に必要な労働力をゆうゆうと確保できるだけの条件は十分整っていた。しかし、そこに土木工学にもとづく、きちんとした工法の理論的計画や実現技術がなければ、ここまで完璧な仕上がりは望むべくもないだろう。

仁徳陵が築かれた時刻に、すくなくとも大陸を含めた東アジア全体をみても、これだけ巨大で精密な構築物は築造されてはいなかった。すなわち、外部世界に技術のモデルがまったくない状況でつくられた、巨大で独創的なメイド・イン・ジャパンだったわけだ。

倭の本拠地にむかう百済人や新羅人が、瀬戸内海を通り抜けて、ちょうど住之江の岸に近づいたとき、夕日に輝く巨大な仁徳陵を船上から遠望したであろう。おそらく、経験したことのない、強烈なインパクトをあたえたにちがいない。

第6章　前方後円墳の時代

弥生時代の墓と葬送のまつり

卑弥呼が魏に遣使した二三九年から百年後、すなわち四世紀中頃には、前方後円墳が、かなり広域に、一斉に築かれつつあった。前方後円墳という、きわめて特異な墳墓を築いて死者を祀る〝風習〟が、一斉かつ短期間に、広域に伝播した理由はただ一つであって、唯一の勢力が、次第に影響力を拡大していった結果なのである。

そもそも古代人の死者、あるいは死に対する観念というものは、現代人のそれとくらべると、天と地ほどのちがいがあるはずだ。自然科学に〝毒された〟現代人は、人が死ねば、酸素、水素、窒素やカルシウムなどの、分子レベルに分解されてしまうだけだと考えるだろうが、古代人はまったくちがう。ことばが適切かどうか分からないが、霊魂のような存在を信じていただろうし、肉体にしても、単なる物質ではなく、霊魂の宿る場所として、特別な想いをもっていたとおもう。

死者に対する観念がこうであった古代においては、首長をはじめ、指導的な地位にあった人の死というものは、単なる儀礼的な意味を超えた、特別な事象としてうけとめられたにちがいない。したがって、首長の死に際して執りおこなう葬送の祭祀は、現実の政治とも渾然一体をなす、きわめて重大な意味をもっていたと考えられる。政治のことを「まつりごと」というのは、おそらく古代にルーツをもつ言葉であろう。

首長葬送の祭祀をどういう形で執行するか、その後の祭祀をどういう形で継続していくのか、その様式、あるいは方

図6・1　四隅突出墓（平面形模式図）

式も重要だったはずだ。一般に、祭祀のあり方は、何百年もの長い年月をかけて形づくられていくものであって、それぞれの地域の個性に根ざした様式が、いってみれば〝土俗的風習〟として定着していくと考えられる。

弥生時代における墓のつくり方も、葬送祭祀の重要な一端を表すと考えてよいだろう。各地の弥生墓を横断的にみていくと、じつにさまざまな個性に出会える。こうした各地の墓制のもつ個性を鮮明にしてみせたのは、考古学による発掘調査である。

北九州では、甕棺墓とよばれる様式がよく知られている。大きな甕（土器）の中に死者を屈葬するのだ。佐賀県の吉野ヶ里遺跡で発掘された弥生時代の墓地で、多数の甕棺墓がみつかった[38]。

吉野ヶ里の甕棺墓からは、副葬品として、銅鏡、剣、玉という、「三種の神器」も検出されている。おなじく吉野ヶ里遺跡からは、直径およそ四〇メートルにおよぶ、円形の墳丘墓もみつかっている。葬送祭祀における、北九州の個性の一端があらわれている。

日本海側の出雲地方も個性的だ。

四隅突出墓とよばれている、独特な形をした弥生時代の墳墓が多数みつかっている。四隅突出というのは、この墳墓を上から見た平面形でいうと、ちょうど正方形の四隅がすこし突出した形状になっていることを表現したものである（図6・1参照）。わたしも島根県に出かけて四隅突出墓を見に行ったことがある。図6・2は、そのときの写真（宮山4号墳）である。この写真は、四つある突出部のひとつに焦点をあわせて撮影している。突出部の形がよくわかる。

周囲に張り石をめぐらせた墳墓のつくり方は、形状もさることながら、まさにこの地域における墓制の個性をよく表

図6・2　宮山4号墳（島根県、2002年3月撮影）

している[39]。

四隅突出墓は、この宮山4号墳のほかにも多数遺存しており、墳丘の規模にも大小がある（宮山4号墳の写真に写っている人物はわたしであるが、対比すれば墳丘のおよその大きさがわかる）。大きいものでは一辺が数十メートルにおよぶものもある。

吉備（岡山）にも個性的な弥生墓がある。とくに盾築墳丘墓が有名だ。墳墓は、直径約五〇メートルの円墳の両側に、二つの突出部をつけ加えた個性的な形状をしている。岡山大学による発掘調査によって、墳丘各所で大形の器台形土器や壺形土器、高杯などが発見されている。

図6・3　前方後円形をした周溝墓
（神門4号墳の模式図）

盛大な葬送祭祀が行われたことを暗示する物証である。

とくに、盾築墳丘墓におかれていた、器台形土器は、後の時代の前方後円墳に用いられた埴輪のルーツとして注目されている。

近畿地方周辺以東では、周溝墓とよばれる弥生墓が多数みつかっている。規模はそんなに大きなものではないが（平面形で数メートル〜数十メートル程度）、墓域の周囲が溝で囲まれている。溝の形が四角なものは方形周溝墓とよばれている。溝が円形の周溝墓もある。大きさはまるでちがうが、円形周溝墓を墓の形状のデザインという視点でみたとき、前方後円墳のルーツではないかという見解がある。そうかも知れない（図6・3参照）。

葬送のハードウェアとソフトウェア

さて、弥生時代の各地の墓制を横断的にみてきた。

各地の墓がそれぞれ個性的であって、まったくちがった様相をもっていることは、何を意味しているのだろうか。

考古学が解明した各地の個性とは、あくまで現在にまで遺存している墓という、物質的な存在、つまりハードウェアに関する側面だけである。死者に対する葬送祭祀は、墓というハードウェアに加えて、人々が執りおこなった儀式の全体、つまりソフトウェアを組み込んで完結するものである。ここでいうソフトウェアとは、いったいどんなものであったのか、残念ながら知るすべはまったくない。卑近な例でいえば、墓石を観察しているだけでは、当世おこなわれている葬儀のありようの全体を知ることができないのとおなじである。

すくなくともいえることは一つある。ハードウェアがまったくちがうということは、ソフトウェアもまったくちがうということだ。

弥生時代における葬送祭祀のありようが、地域ごとにまったくちがっていたということは、葬送祭祀が地域の独立性、あるいはアイデンティティーを表徴するもっとも重要な「まつりごと」であったということである。

前章でも述べたように、弥生時代は、九州を発信源として、金属器の情報や、稲作技術が、東へ向かって、ゆっくりと伝播していった。それと並行して、縄文時代に停滞気味であった人口が増加傾向に転じ、やはり九州を起点として、人口増加の波がゆっくりと波及していったと考えられる。

われわれ現代人が、思いこみで過小評価している以上に、縄文時代の人々は地域を超えて活発に交流していた。人口が増加に転じた弥生時代には、なおさら、人々の交流は活発だったはずである。生活技術は、支配者とは関係なく、末端の人々のレベルで伝播していく。稲作技術もしかりである。

弥生時代は、このように生活技術を中心にいろいろな情報が地域を超えて伝播し、共有されるにいたった時代である。このような状況の中、葬送祭祀のあり方だけが地域ごとにまったくちがっていたのである。いや、「ちがう」ことに大きな意味があったのだ。

前方後円墳の出現が意味するもの

葬送祭祀のあり方が、地域によって歴然とちがっていた状況は、第3章で述べた本書の年代観にしたがえば、四世紀前半頃まで続くと考えられる。すなわち、各地域の勢力間の拮抗状態が続いていた時代である。拮抗状態とは、たがいに交戦をくり返す大乱状態ではなく、各勢力が独立し、たがいに対立しながらも、人々の実利的な交流はそれなりに行われているといった状態である。

ところが、ある時期を境にして大きな変化が生まれた。

大和を発信源として、前方後円墳が広域に伝播し、築かれはじめたのである。前方後円墳は、それまで各地で連綿と営まれてきた、伝統的な弥生墓とはまったく異なったハードウェアである。ハードウェアが変わるということは、葬送祭祀のあり方が根本的に変わるということだ。

地域の独立性とアイデンティティーの根幹である、伝統的な葬送祭祀を破棄して、前方後円墳方式に切り替えるというのは、長年続けてきた仏式の葬式をキリスト教式に切り替える以上に、古代では大きな変化であったはずだ。稲作技術という、実利的な生活技術を導入するのとは根本的に意味がちがう。まさに地域に根ざした、伝統と独立性が急速に消滅するという重大な変化だったからだ。

大和に、突如出現した前方後円墳が、各地の弥生墓と歴然と異なっていた点は、墳丘の圧倒的な巨大さであった。特別な意図がなければ、こんな巨大な前方後円墳はできなかったはずだ。まさに、各地への伝播を意図して築かれた〝ショーウィンドー〟のモデル墳墓であって、同時に大和政権の存在感をアピールするモニュメントでもあった。

各地に広がっていった前方後円墳は、このモデル墳墓が具体的に提示している基準特性を継承しつつ、地域の条件に比例して適宜小型化しながら築かれたものであろう。

この時期に築かれた前方後円墳の全体を、墳丘の規模（大きさ）でみると、いくつかの階層をなしている。大和の巨大古墳は、全体を「支配」するかのように、こうした階層の頂点に位置しているのだ[40]。

都出比呂志氏は、前方後円墳におけるこうした規模のちがいが、地域側の事情で現れているのではなく、中央政権の規制によるものだと推測している[41]。あるいは、そうかもしれないが、江戸時代の幕藩体制では、低いランクに規制された小藩は経済力（石高）も小さいため、大きな事業をやろうとしてもできない「地域の事情」が必然的に発生したはずである。古代でも、類似の状況が考えられるのではなかろうか。さらに、小さい勢力は、それゆえに、ランクが低く規制されるという、逆方向の力学もありえたのではないだろうか。

ともあれ、各地における前方後円墳は、伝統的な葬送祭祀を破棄し、大和政権に服従したことを周知させる視覚的シンボルだったことはまちがいない。

図６・３のように、弥生周溝墓が、いかに〝前方後円形〟をしていたとしても、前方後円墳ではない。弥生時代の墳丘墓が、前方後円形をしていたとしても、やはり前方後円墳ではないのだ。前方後円墳とは、大和政権（大和朝廷）がつくりだした葬送祭祀のためのハードウェアであって、新しい葬送祭祀全体を象徴するものであるからだ。

近藤義郎氏は、考古学の立場から、前方後円墳の出現を「飛躍」と表現し、主要な特色として、墳丘の定型化と巨大性などをあげている[42]。前方後円墳という、葬送祭祀のハードウェアがもつ特性を明快に指摘している。

墳丘の巨大性は、前方後円墳の特色なのだ。巨大な墳墓をつくるとなると、動員できる労働力などの基盤として、当然大きな支配人口が必要になる。

墳丘の規模という点で考えると、弥生墳丘墓は大きなものでも墳丘長で高々百メートル程度であり、二百メートルを超えるような巨大なものはない。規模のちがいは、支配人口とも関係する本質的な意味をもっている。

例として、墳丘長百メートルの墳丘と二百メートルの墳丘を比べてみよう。相似形とすると、長さは二倍だが、体積は八倍になるのだ。簡単にいえば、築くのに労働量は八倍必要になる。千人集めればできたものが、今度は八千人集めなければならなくなるわけだ。

規模の大きい墳墓をつくるためには、墳丘長の三乗に比例する労働量が必要になる。支配人口と密接に関係してくるわけだ。

前方後円墳はどこで発生したか

前方後円墳発生の地はどこか、という問題だが、すでに考古学が解答を与えてからずいぶん時間がたっている。

奈良の三輪山のふもと、纒向地区の近辺が前方後円墳の発生ゾーンである。有名な箸墓古墳をはじめ、古式古墳が多数遺存している場所である(図6・4参照)。

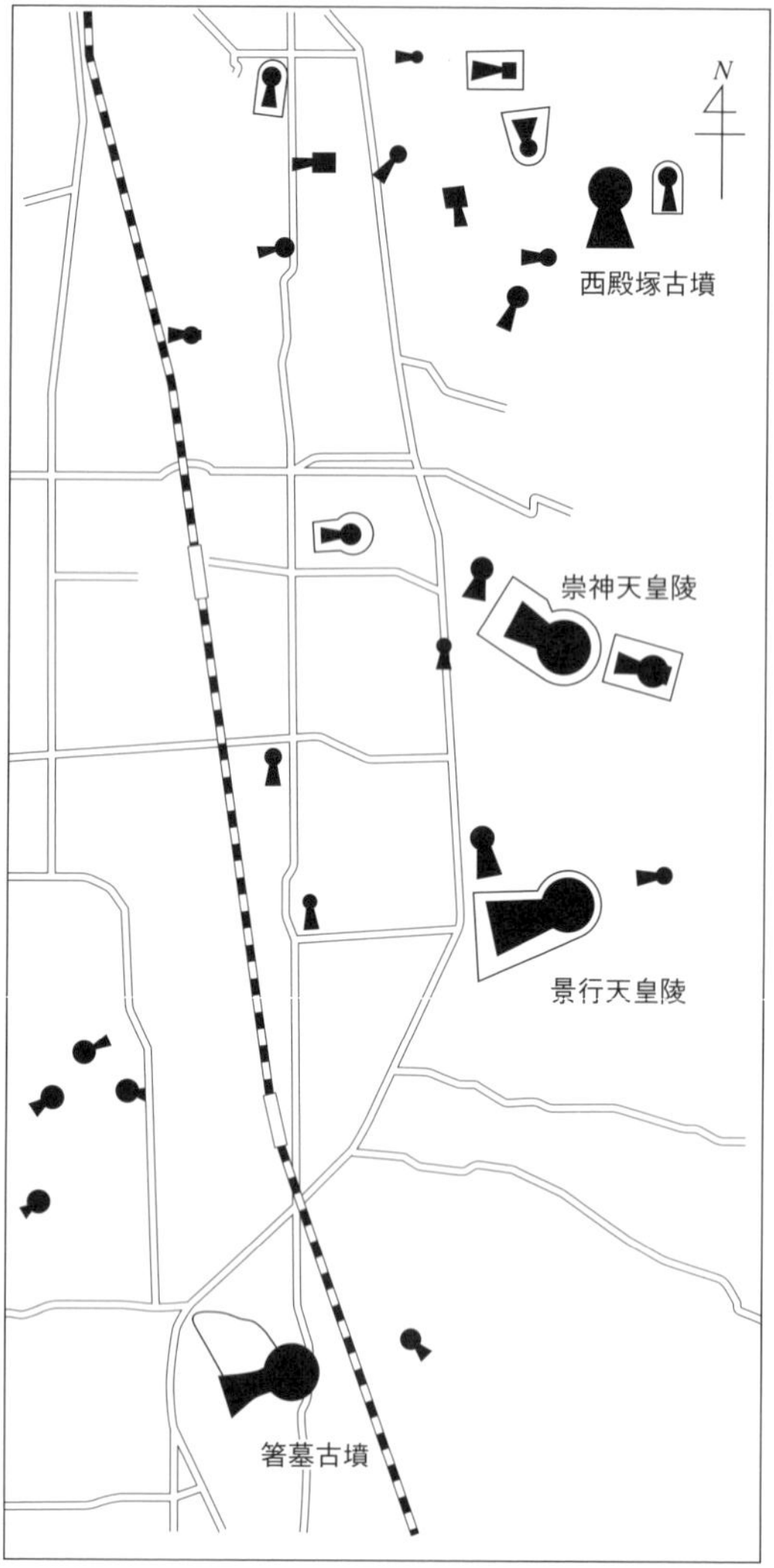

図6・4　前方後円墳発生ゾーンの巨大古墳

近年、前方後円墳発生ゾーンである奈良の纒向地区において、古式の〝前方後円形〟墳墓がみつかり、マスコミをにぎわせている。ホケノ山古墳、矢塚古墳、勝山古墳、東田大塚古墳などである。

考古学的編年としては、三世紀中頃～後半という築造年代が想定されている。さらに古い調査で、すでに知られている纒向石塚古墳も、こうした動向の先駆けであった[43]。

築造年代からすれば、ちょうど卑弥呼から壱与にかけての時代に相当することになる。こうした古式の墳墓は、たしかに、前方後円墳の〝祖先〟にあたることは、ほぼまちがいないであろう。寺沢薫氏が「纒向型前方後円墳」とよんでいる墳墓である[44]。本書では、これらを総称して纒向型墳丘墓とよんでおく。

纒向型墳丘墓は、前方後円墳の〝祖先〟とみることができる特性を備えている。

近年、発掘調査が行われたホケノ山古墳からは、木槨を石で囲んだ類例のない埋葬施設が検出されるとともに、副葬品として画文帯神獣鏡などの銅鏡、鉄剣、銅鏃、鉄鏃、壺型土器などが検出されている[45]。墳丘は、まさに「前方後円形」であって、表面には葺石が施されており、周囲には周濠がめぐっている。

墳丘の規模は、図6・5の模式図にあるように墳丘長八〇メートル、後円部径六〇メートルである。高さについては、後円部高は約九メートル、前方部高は約四メートルである。

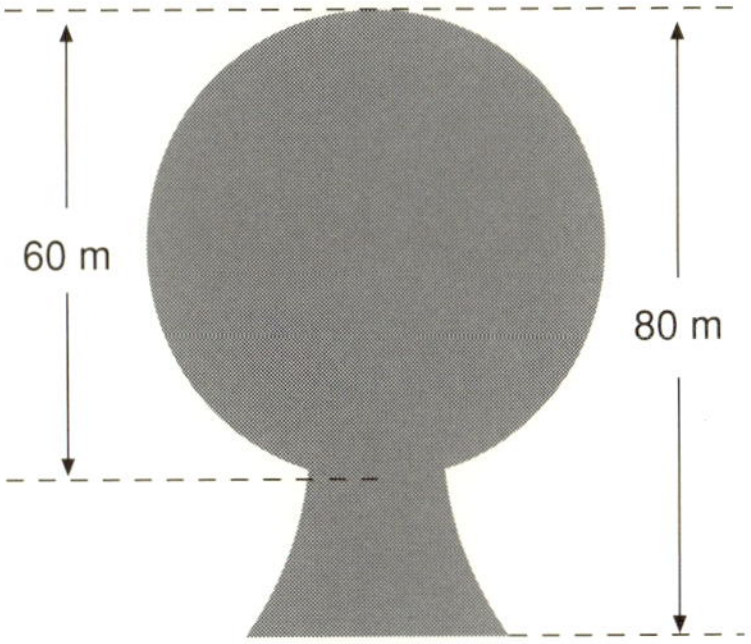

図6・5　ホケノ山古墳（模式図）

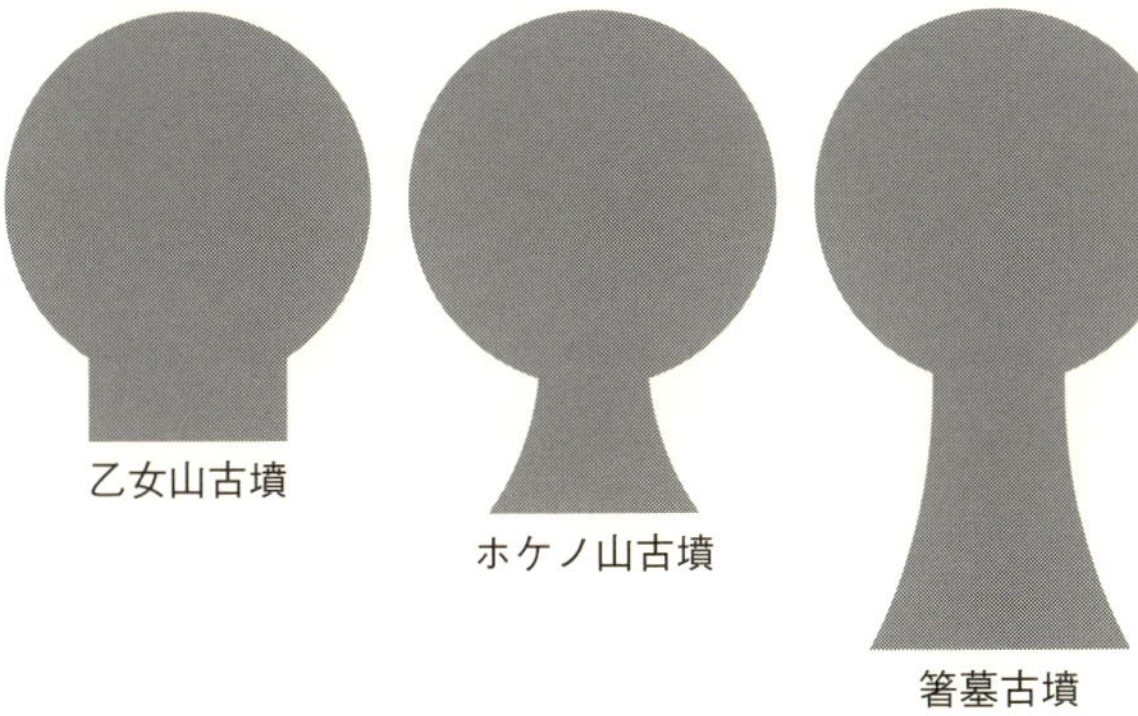

図6・6　後円部径を規格化した三つの古墳（模式図）
（左から、帆立貝式古墳、纒向型墳丘墓、前方後円墳）

平面形でみると、後の定型化した前方後円墳にくらべて、前方部が短いのが特徴である。しかし、古墳時代に前方後円墳と並行して築かれた、帆立貝式古墳の〝前方部〟よりは長い。図6・6に模式図で比較しているとおりである。

後円部径に対する墳丘長の比率である、相対墳丘長を計算すると、一・三三となる。箸墓古墳をはじめとする、後の前方後円墳にはみられない小さめの数値である（表5・1

参照)。

第5章で、土砂を素材とする前方後円墳の築造にかかわることとして、安息角の原理の影響によって後円部径と後円部高の間に強い相関がある事実を述べた。さらに、この相関関係を数量的にあらわした回帰式も紹介した。

ホケノ山古墳についてこの回帰式を確かめてみると、ほぼ成立することがわかった。ホケノ山古墳の築造においても、前方後円墳とおなじ築造原理が用いられていた、とみなしてもよいだろう。

前方後円墳の全国的な波及

前方後円墳の発生ゾーンは考古学があきらかにした。たしかに重要な知見である。しかし、もうひとつ重要なことは、前方後円墳方式の首長葬送祭祀が、いつ、どの地域まで伝播しはじめたのかという、時刻と地理的範囲だ。

この時刻が、古墳「時代」のはじまりを意味するとおもう。前方後円形をした巨大な墳墓が発生地点で築かれ、それが外に向かって広域に伝播をはじめたのはいつかという時刻、それとその地理的範囲だ。

地理的範囲を推定するのは、かなりむつかしい。時間と連動した拡散過程になっているからだ。すなわち、時間がたてばたつほど、前方後円墳は日本列島の広い範囲に伝播していくのである。地理的範囲は、時間とともに拡大を続けるわけだ。

知りたいことは、こうした動的な拡散過程を、途中のある時点で停止してながめた前方後円墳の分布状況なのである。多くの前方後円墳が、現在も各地に遺存している。古墳時代を通して築かれてきた前方後円墳が、いわば集積した状態で遺存しているわけである。これらの現存古墳の中から、築造年代を選別して分布地図を描いてみれば、古墳時代のはじまりを推測する手がかりが得られるだろう。こう考えてひとつの分布地図を工夫してみることにした。

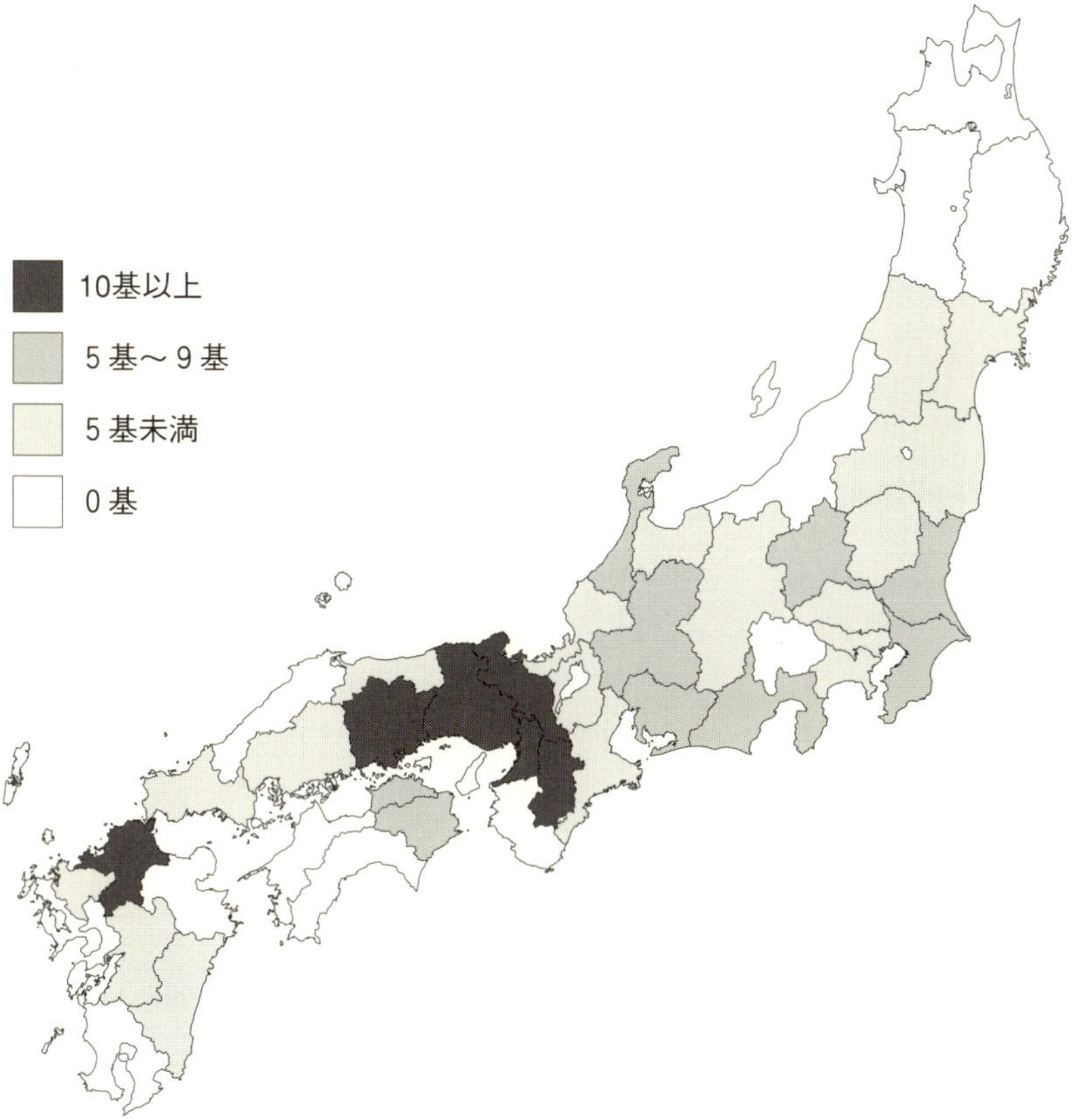

図6・7　前期古墳の府県別分布図

古墳の築造年代は、埴輪、被葬者の埋納空間（石室や棺）、副葬品、あるいは墳丘の形態などに関する編年観を総合して判定されるものである。考古学者によって見解に多少の変動があるが、細かいことはさておき、分布地図はつぎの方針で作成することにした。

まず、各地から、はやい段階に築造されたとみられる「前期古墳」を選定する。当然、大きい古墳もあれば小さい古墳もある。とりあえず、墳丘長六〇メートル以上の古墳を選定して、分布地図を作成することにした。

具体的には、近藤義郎氏編集の『前方後円墳集成』[46]から、六〇メートル以上の墳丘長をもつ前期古墳（I期〜III期）をすべて抜き出し、府県別の基数分布を地図表示することとした。古代における地域概念と、現代の府県とは異なるので、必ずしも適正といえない面もあろうが、大局的な傾向はつかめると考えている。

図6・7がそれである。この分布地図は、Ⅰ期〜Ⅲ期という、考古学的な新古を意味する相対的な年代幅を設定し、その間に築造された古墳が各府県に集積している基数を表したものである。

前方後円墳の伝播範囲は、時間とともに拡大していった、と書いた。そうであれば、早い時刻に伝播された地域ほど時間幅が大きいため、集積される基数も多いはずだ。傾向としては、そうなるだろう。

この分布地図で古墳が濃密に分布している地域は、現代の府県名でいえば、奈良を中心として隣接する大阪、京都、兵庫、岡山などである。福岡にも濃い分布がある。いわばこれらの地域が、第一波として前方後円墳が伝播した地理的範囲とみてよいだろう。

重要なことは、大局的な傾向である。図6・7における、濃密な分布地域は、前方後円墳が第一派として伝播した地理的範囲をしめしていると考えてよいだろう。

前方後円墳の波及はいつ頃はじまったか

それでは、第一波として、前方後円墳がいつ伝播しはじめたのかという、さきにあげた時刻の問題を考えてみよう。時刻は絶対年代であるから、これを決めるためには史料にもとづく推論に頼らざるをえない。考古学でこまかい絶対年代は決まらないからだ。

前方後円墳方式による葬送祭祀の拡大が、各地域の独立性を消滅させる、という変化だったとすれば、大和政権の急速な勢力拡大の動きと表裏一体の現象と考えてよい。記紀が伝える大和政権の勢力拡大にかかわる事蹟は、四道将軍の派遣が象徴する、崇神天皇の時代にはじまる。

崇神天皇は、日本書紀で「御肇国天皇」（ハツクニシラス天皇）と諡号されている。古事記では「所知初国天皇」としるされている。諡号の意味は、おそらく、「はじめて国を支配するようになった天皇」ということであろう。ここでいう「国」とは、大和を中心とした、一定の広がりをもつ地理的範囲をさすと考えられる。図6・7にしめした地図において、濃密な分布がみとめられる地域が、それに相当すると考えたい。

第一派の勢力拡大は、崇神天皇によって実行された。

前方後円墳の伝播における第一派の地理的範囲が、崇神天皇による勢力拡大の結果とすると、その時刻が推定できる。第3章でくわしく分析したように、崇神天皇の崩年はやくとも四世紀中頃である。

崇神天皇の時代、すなわち四世紀中頃を境として、前方後円墳は、大和の発生ゾーンに築かれたモデル墳墓を規範としつつ、広域に伝播しはじめた。古墳時代のはじまりである。

それは、大和政権が周辺地域の勢力をつぎつぎと支配下に組み込んでいくという、大きな潮流が本格化したということだ。四世紀中頃における、大和政権の実質的な統治範囲は、前方後円墳の第一派の伝播範囲（図6・7で濃密な分布がある地域）に、ほぼ限られていたと推定される。九州北岸地区も、実質的な支配下に入りつつあった。後述するが、これは伊都国との同盟に関係するとみてよいだろう。

すくなくとも四世紀中頃には、かくして、大和政権の首長であった天皇が、広域に影響力を行使する「大王」としての存在感をしめしはじめたのである。

前方後円墳の出現と伝播にかかわった崇神天皇は、やはり、古代を読み解く上でもっとも重要なキーパーソンである。さいわい、記紀も、崇神天皇以降は、事蹟の記録が豊富になっていく。

応神天皇の時代 ― 国外史料と対比する ―

崇神天皇以後で、おなじく多数意見として実在が確実視されてきたのは、応神天皇である。応神天皇の嗣子である仁徳天皇も、実在がみとめられている。二人の天皇が、それぞれ、全国第二位と一位の、巨大前方後円墳を陵墓としている点でも注目にあたいする。

巨大な前方後円墳に葬られている、応神天皇の時代とは、どのような時代であったのだろうか。だれもが関心をいだくところであろう。

応神天皇の時代を考えるには、日本書紀・応神紀だけでは、あきらかに情報が不足している。神功皇后という特別な存在によって、仲哀紀と応神紀それぞれが伝える情報の独立性が弱められているからだ。三つの時代の境界が明瞭でないのだ。

安全策として、仲哀紀、神功紀、応神紀をひとつの時代として、ひとまとめにして考える方法があるだろう。ここでは、この方法を採用することにしよう。

仲哀天皇・神功皇后・応神天皇の時代を、ひとつの時代にまとめて、「汎応神時代」とよぶことにすると、成務天皇の崩御から応神天皇の崩御までの期間に相当する。

表3・2の推定崩年によれば、三九二年〜四二〇年の二八年間、四世紀末から五世紀前半中葉頃までの期間と推定される。

このような、推定崩年にもとづく年代観でみたとき、汎応神時代にほぼ並行する、新羅王朝と百済王朝の王はだれかということになるが、朝鮮の史書である『三国史記』を参照してみると、新羅王としては、一七代〜一九代の三人、すなわち奈勿尼師今、実聖尼師今、訥祇麻立干であり、百済王では、一六代〜一八代の辰斯王、阿莘王、腆支王の三人で

表6・1　汎応神時代の記事対比表

日本書紀	新羅本紀	百済本紀
〈汎応神時代〉392〜420		
1 新羅遠征。	〈奈勿尼師今〉	〈辰斬王〉
2 新羅、倭と修交。微叱己知波珍干岐を人質とする。	393 倭軍、金城を5日間包囲。	392 辰斬王、不審死。
3 微叱己知波珍干岐、新羅に逃げ帰る。		
4 ▲斯摩宿禰を卓淳国に派遣。		
5 ▲百済王、久氐ほかを遣わし朝貢。新羅朝貢。		
6 ▲千熊長彦を新羅に遣わし朝貢の不備を叱責。		
7 ▲卓淳国に集結した倭百済連合軍、新羅攻略。		〈阿莘王〉
8 ▲百済王朝貢（久氐）。		395 広開土王と交戦して大敗。
9 ▲百済王七支刀献上（久氐）。		397 倭と修交。腆支を人質とする。
10 ▲百済肖古王没。貴須王即位。		
11 △新羅朝貢せず。葛城襲津彦、新羅遠征。		
12 △百済貴須王没。枕流王即位。	〈実聖尼師今〉	
13 百済枕流王没。辰斬王即位。	402 倭と修交。未斬欣を人質とする。	402 倭に使者を派遣。
14 紀角宿禰らを百済に遣わし、辰斬王の不遜を叱責。百済、辰斬王を殺して倭に陳謝。紀角宿禰ら阿花王を擁立して帰国。		403 倭の使者が来訪。
15 百済、倭と修交。阿花王、直支を人質とする。	405 倭軍、明活城攻略。	405〈腆支王〉
16 葛城襲津彦を加羅に派遣。	407 倭軍、東部と南部辺境に侵入。	406 腆支、倭より帰還。即位。
17 百済王、阿直岐を遣わす。	408 倭への振興計画、実行せず。	409 晋に朝貢。
18 王仁を招聘。直支、百済に帰還。平群木菟宿禰、新羅を討つ。葛城襲津彦帰還。	〈訥祇麻立干〉	倭の使者が来訪。
19 直支王没。長子久爾辛即位。	418 未斬欣、倭国より逃げ帰る。	418 倭に使者を派遣。
20 高麗使者、来朝。		420 腆支王没。
21 阿知使主らを呉に派遣。		

ある[47]。

ここで、日本書紀に記載されている、汎応神時代の朝鮮関係のおもな記事を抜き出し、記載順序（必ずしも時間的順序と一致しない）で列記するとともに、年代的に並行する、それぞれ三人の新羅王と百済王に関して、三国史記が伝える倭国関係記事を対比させた表をつくってみた。表6・1である。

日本書紀の各記事には、1〜21の番号（記事番号）を付している。一方、日本書紀の編者は、神功皇后と邪馬台国女王卑弥呼との対比に関心をもっているため、魏書や晋書の記事を引用している。表では、これらの記事はすべて省いている。

一方、広開土王碑文に記されている、倭・新羅・百済関係の記事（要約）を、年代的順序にま

表6・2　広開土王碑文（一部抜粋・要約）

391	（この年以降）倭は渡海して百済・新羅を破り、臣民とした。
396	広開土王は、水軍を率いて百済を討ち、108城を攻め取る大勝利を得た。
399	百済が誓約に違反して倭と通じた。広開土王は、平壌に巡下して、新羅使から新羅が倭に占拠されていることを聞き、新羅救援を決めた。
400	広開土王は、5万の兵を遣わして新羅救援作戦を実行した。新羅の城は倭軍で満ちていたが退却した。追撃して任那加羅に至った。任那加羅の城も帰服した。
404	倭が帯び方郡に侵入したので、広開土王が軍を率いてこれを潰滅させた。無数の倭兵を斬殺した。

とめたものが、表6・2である（武田幸男『広開土王碑との対話』白帝社　二〇〇七年）。

二つの表を対比させながら、汎応神時代における、倭と朝鮮との関係を考えてみることにしよう。なお、両表の中にある数字は西暦年である。

汎応神時代とは、さきに書いたように、三九二年～四二〇年の二八年間である。この年代は推定崩年から算定したものだから、もちろん確定的な数値ではない。つまり、実際のはじまりは、三九二年よりいくらか早いかもしれないし、遅れるかもしれないわけである。四二〇年についても同様であって、二八年間という、時間幅は柔軟に考えておく必要がある。

二つの表における年代の信頼性という点でいえば、広開土王碑文がもっとも信頼できるといえるだろう。同一場所・同時代における、オリジナルな記録だからである。伝聞や史書を転写したものではないことはあきらかである。

倭の進出と朝鮮情勢

まず、広開土王碑文を中心にみていこう。最初の記事は、三九一年以降、倭が活発に朝鮮半島に進出していった状況を伝えている。とくに、新羅に対する軍事行動が熾烈であったことが、後続の記事からわかる。

新羅本紀における奈勿尼師今、実聖尼師今、訥祇麻立干の条に記される、倭関連記事もこれを裏づけている。三九二年～四二〇年の、「汎応神時代」というくくりでみてみると、日本書紀が伝える新羅関係記事（記事1～3、11、16、18）も矛盾なく符合してくる。

奇異に感じられる点は、新羅王実聖尼師今が、微叱己知波珍干岐（ミシコチハトリカンキ）、新羅本紀では未斯欣（ミシキン）、を人質として倭に送ったにもかかわらず、倭の攻勢が続いたことだ。

新羅本紀によれば、実聖尼師今は、先王（奈勿尼師今）が自分を高句麗へ人質として送り込んだことを恨み、先王の子である未斯欣を倭に人質として遣わしたと記している。未斯欣が新羅に逃げ帰ったときの新羅王訥祇麻立干は、未斯欣の実兄であって、実聖尼師今を殺して王位についている。

実聖尼師今は、倭の攻撃を回避するための目眩ましとして、先王の王子未斯欣を人質にしたわけだ。倭政権も、人質の未斯欣が新羅王統内部の確執から送り込まれたことをほどなく知ることとなり、新羅攻略を再開するにいたったというのが本当のところかもしれない。

広開土王碑文の伝える内容を総合すると、四世紀末から五世紀初頭における朝鮮情勢は、高句麗・新羅連合と、倭・百済連合の対立が主軸になっていた。

じっさい、三九六年に、広開土王が百済を攻めて勝利したことを伝えている。百済本紀も、阿莘王（日本書紀では阿花王）の条で三九五年の大敗を記している。一年の差があるが誤差の範囲である。このように、高句麗は百済を攻め、倭と交戦する一方で、新羅救援作戦を展開している。

百済と倭の修好は、広開土王碑文（三九九年の記事）、百済本紀（三九七年の腆支の記事）および日本書紀（記事15の直支の記事）が一致して記載している。腆支と直支は、同一人物である。

広開土王碑文にある、四〇〇年の大規模な新羅救援作戦について、新羅本紀・奈勿尼師今の条に関連記事はないが、状況から十分ありえたこととおもわれる。史実であろう。

四〇四年、倭軍が帯方郡に侵入した記事についても、日本書紀・百済本紀ともに関連記事はないが、これも史実であろう。この軍事作戦は、三九六年の広開土王の百済攻略に対する反撃の意味を含んでいたと考えられ、百済との共同作戦であったとおもわれる。

三国史記の原典的研究をおこなっている、高寛敏氏は、倭の新羅への侵攻に関して、「倭がこのような戦争を遂行しえたのは、百済・任那加羅と連合し、任那加羅を基地としていたからである」と述べている[48]。新羅は、高句麗にも、倭にも、人質をとられるという、二つの〝くびき〟の下で、生存をかけた戦いを強いられたのである。

表6・1と表6・2を比較してみてわかったことは、日本書紀の記事の記載順序に問題があるということだ。具体的にいうと、まず未斯欣が新羅に逃げ帰った記事が、直支が百済に帰還した記事より先行している。新羅本紀と百済本紀に記されている年代とは、あきらかに逆転している。

さらに、▲印を付している日本書紀の記事4~10は、ここでいう汎応神時代（仲哀・神功・応神）の出来事ではなく、垂仁天皇、もしくは景行天皇の時代に遡上させなければならないとおもう。これらの記事に共通する百済王は、三七五年に崩じた近肖古王であって、汎応神時代の天皇崩年（表3・3参照）に、まったくあわないからだ。

記事9にある七支刀の献上は三七二年のことであって、汎応神時代の出来事ではない。日本書紀に、このような年代上の錯誤がみられるのは、編者が、年代不明な新羅や百済関係の伝承を、神功紀に混入させた結果と考えてよいだろう。

△印の記事11と12は、それぞれの年代（百済本紀）が、推定崩年から算出した汎応神時代の期間（三九二年~四二〇年）に数値的に収まらないという意味で、若干問題ありとしている。なお、貴須王とは近仇首王のことである。さきに述べたように、三九二年はある程度柔軟に考えてよい。したがって、△印の記事11と12は、場合によってはこのまま汎応神時代に含めておいてよいのかもしれない。

記事21にある阿知使主らを呉に派遣、という記事も注目にあたいする。二六六年に壱与が大陸の西晋王朝に遣使して以後百数十年、大陸王朝の史書における倭の遣使記録は、ばったり途絶える。

ふたたび記録にあらわれるのは、四一三年に東晋にやってきた倭の使者だ。この使者は、阿知使主らにちがいない。応神天皇の推定崩年四二〇年からみて、年代も矛盾はない。「呉」が大陸の南朝をさす一般的呼称とすれば、この時点では東晋である。倭の五王との関連で、この四一三年の遣使を、倭王「讃」による遣使とみる向きもあるが、わたしはちがうとおもう。讃は仁徳天皇と考えている。

汎応神時代から仁徳天皇の時代へ

さて、日本書紀の仲哀紀・神功紀・応神紀を統合して「汎応神時代」としてくくり、その期間を推定崩年によってあたえてみると、そこに記載されている記事が、時間的順序はともかくも広開土王碑文、百済本紀、新羅本紀とも、きわめてよく整合することが判明した。汎応神時代の後半、すなわち応神天皇の時代には、日本列島内における抵抗勢力は、あったとしても九州の一部に限られていたはずである。前半（神功紀）に熊襲や山門郡への攻略の記事がみられるものの、その後の記載がないことから、あるいはこの時代の後半には事態はほぼ終息していたものと考えるべきかもしれない。

汎応神時代とは、日本列島内における抵抗勢力をほぼ制圧し、朝鮮における倭の権益を確保するために全力を傾注した時代であったといえるだろう。めざましい戦果をあげた主役が神功皇后という女性であったという希有な出来事は、人々にとって何百年経っても消えることのない鮮烈な記憶として残ったこととおもう。元寇が、数百年後も人々の記憶に鮮明に残ったのとおなじだ。神功皇后の存在がつくり話だという話もあるが、情報の記憶という視点からみると、それこそ荒唐無稽なつくり話だ。

朝鮮を舞台にした神功皇后の活動の記憶が、あまりにも強烈であったため、次第に神格化され、彼女とじつは無関係な朝鮮関係の事蹟までもが、彼女のものとされていったのであろう。

応神天皇の後は、仁徳天皇の時代である。仁徳天皇と並行する朝鮮王朝の王は、三国史記によれば、新羅では訥祇麻立干であり、百済では久尓辛王である。日本書紀、新羅本紀、百済本紀の記事をみるかぎり、両国との関係は、それまでは若干温度差はあるものの、ほぼおなじような構図を形成していたようだ。すなわち、百済との友好関係が持続されていた反面、新羅とはやはり対立関係が続いていた。日本書紀・仁徳紀には、新羅攻略の記事がみられる。日本列島内に残る抵抗勢力の制圧と朝鮮における支配圏の確立という、大きな事業が、汎応神時代にほぼ達成された。仁徳天皇の時代は、そうした事業の、いわば完成期にあたると考えてよいだろう。

応神陵と仁徳陵という、巨大前方後円墳に眠る二人の天皇の時代は、東アジアにおける倭の存在感が、名実ともに極大点に達した時代であった。それ以前や以後には到達しえなかったという意味で、古代においてひとつの頂上をきわめた時代といってもよいだろう。

吉備と葛城の前方後円墳

仁徳天皇の時代の隆盛は、天皇の支配下にあった各地の勢力を効果的に動員して、問題の解決にあたった結果にほかならない。

日本列島内の問題は、記紀にもしばしば現れる九州の熊襲の抵抗であった。日本書紀・神功紀における熊襲攻略にあたって、吉備氏が起用されている。崇神紀にある、四道将軍の伝承でも、西海方面は吉備津彦の分担であった。古事記にいう、仁徳天皇と吉備の黒媛との伝説や、後の時代の雄略天皇と吉備の稚媛との物語も、大和政権と吉備との関係が緊密であったことを暗示している。

応神天皇や仁徳天皇の時代に築かれた、巨大な前方後円墳が、いまも岡山県に立派に遺存している。造山古墳と作山古墳である。大規模な周濠はないものの、墳丘長三四二メートルの造山古墳は、仁徳陵、応神陵、履中陵につづいて全国第四位、作山古墳は第九位の大きさである。どちらも陵墓ではないため、だれでも墳丘に登ることができる。わたしも登ったことがある（図6・8）。

造山古墳の墳丘斜面をよじ登り、やっとたどり着いた墳頂に立ってみると、そこは別世界であった。眼下に、地表に向け「前方後円形」の墳丘のスロープが下降しつつ、雄大に広がっていくのが実感できる。前方部頂上から後円部頂上まで縦断するように歩いてみると、予想以上にゆるやかな起伏をなす、幅の広い「道」の感覚が得られる。眼下の世界を見下ろす頂上の「道」を舞台に、熊襲攻略を担当した吉備首長の葬送と継承の祭祀が粛々と執りおこなわれたことであろう。

造山古墳の西方すぐ近くに作山古墳がある。吉備の国分寺跡やこうもり塚古墳もある。すこし東には吉備津神社もある。このあたり一帯は、古代の吉備氏の本拠地だったようだ。

造山古墳と作山古墳を分析したところ、二つの古墳のデザインは同一であって、ともに応神陵ときわめて類似していることが判明している。築造年代も応神陵に近いと考えてよいだろう。応神天皇の推定崩年は、四二〇年である。造山古墳と作山古墳もやはり5世紀前半とみてよい（実測図は図6・9参照）。

全国第四位の大きさの造山古墳と九位の作山古墳を連続して築造するには、ばく大な労働量が必要である。当時の吉備勢力は、これを可能にする独自の支配人口を有していたはずである。大和政権に従属していたとはいえ、吉備勢力が熊襲制圧に必要な軍事力を備えていたことは、二つの古墳の巨大さが雄弁に物語っている。

大和政権のもうひとつの課題は朝鮮にあった。

朝鮮における支配圏の確立をめざした理由のひとつには、鉄資源を安定的に確保したいという目的があったとおもわれる。吉備などで生産される国産鉄だけでは、需要を十分に満たすことができなかったのだろう。

日本書紀に記されているような、名分上の理由だけで、あれだけ熱心に朝鮮半島に出兵をくり返したとはおもえない。軍事行動にともなう人的・物的損失も大きかったはずだ。おそらく、背景には、現実的な権益があったと考えるのが自

図6・8　造山古墳（岡山県総社市）［読売新聞提供］

図6・9　造山古墳（左）と作山古墳（右）の実測図

然であろう。

　この時期、朝鮮攻略の場面で、日本書紀にしばしば登場する人物は、葛城襲津彦（カツラギノソツヒコ）である。仁徳天皇の皇后磐之姫（イワノヒメ）の父と伝えられている。襲津彦の活躍時期は、推定崩年と文献を総合すると、五世紀初頭〜前半頃と推測される。

　当時の大和政権内において、襲津彦は朝鮮問題のプロフェッショナルであり、百済王朝や任那加羅にも広い人脈をもっていた人物だろうと想像する。彼をぬきには、朝鮮における支配圏の確立という、大きな事業は達成しえなかったのではなかろうか。

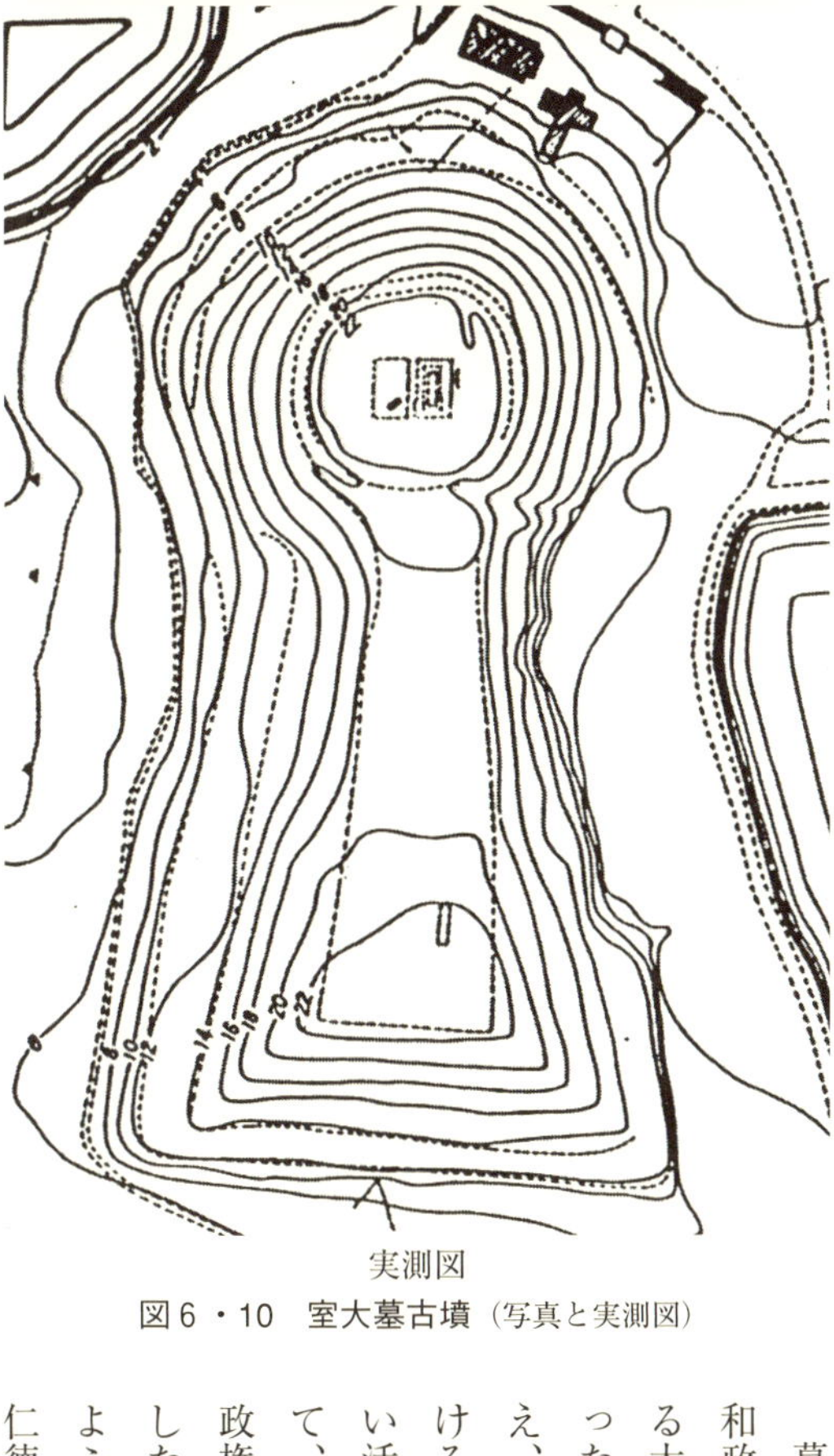

実測図

図６・10　室大墓古墳（写真と実測図）

　葛城氏が大和政権を支える大勢力であったことに加え、朝鮮におけるめざましい活躍によって、襲津彦は、政権内で超越した力をもつようになり、仁徳天皇の岳父という地位に到達した。仁徳天皇は、皇后磐之姫の意向を無視できず、皇后が亡くなるまでいとしい八田皇女を妃にできなかった。磐之姫の生んだ履中天皇（仁徳天皇の皇子）の皇后も、襲津彦の孫である。すべて、襲津彦の隠然とした影響力のなせる結果にちがいない。

葛城襲津彦の墓と伝えられる前方後円墳が、奈良県の葛城の地（御所市）に、いまも残っている。室大墓古墳（宮山古墳）である（図6・10参照）。墳丘長二〇七メートルの巨大な前方後円墳である。実測図にもとづく、わたしの形態分析では、墳丘のデザインは仁徳陵に近似していることが判明している。築造年代は、当然仁徳陵に近いとみてよい。

葛城氏は大和政権中枢部（宮廷内）において大きな力をもつようになったが、吉備氏のように独自の大きな支配人口をもっていなかったため、襲津彦の墓を築造するにあたって、動員できる労働力に限界があったとみられる。このため、墳丘規模で造山古墳におよばなかった。しかし、畿内にかぎってみれば、室大墓古墳は、陵墓に匹敵する規模をもつ大前方後円墳である。

仁徳天皇以後の時代 ― 倭の五王 ―

葛城襲津彦の没後、時代は、仁徳天皇に続いて履中天皇、反正天皇、允恭天皇、安康天皇、雄略天皇というい わゆる「倭の五王」の時代へと移っていく。

倭の五王とは、大陸の南朝（主として宋王朝）に遣使した記録がある五人の倭王、すなわち讃、珍、済、興、武をさしている。そもそも、何のために遣使したのかということであるが、朝鮮における倭の支配圏の正統性を、倭・百済・新羅といった、当該地域の関係国ではない、第三者の南朝に承認させることをねらった、と考えられる。〝南朝カード〟を大義名分として、倭が軍事力でつくりあげてきた支配圏を、百済や新羅など関係諸国に認めさせていくという、高度な外交戦術であった。

当時の大陸は、いわゆる「五胡十六国」の割拠時代であり、南朝といっても、東晋→宋→斉→梁のようにつぎつぎと王朝が移り変わっていく、きわめて不安定な状況にあった。正確なデータはないが、軍事力の指標である支配人口においても、倭と大差のない存在であったと推測される。

かつての漢や魏とは異なり、朝鮮半島における軍事的な影響力もまったくなかったわけである。しかし、とりわけ朝鮮諸国においては、昔日の漢や魏の権威の残照を、南朝に感じる傾向が強かったようである。

倭の人質として、八年間を大和で過ごし、応神天皇の時代に百済に帰還し、百済王となった直支（腆支王）は、宋に遣使して武帝から「使持節・都督百済諸軍事・鎮東大将軍・百済王」という爵号をもらっている。軍事的には、倭の支配下にあった腆支王として、すくなくとも、百済王の地位の名分的な保全を、宋王朝にもとめた外交活動の成果であった。

腆支王が宋から爵号を得たことが契機となったのか、まもなく大和政権も宋への遣使をはじめている。「爵号」が外交カードになることに気がついたわけだ。倭の五王がつぎつぎと遣使してくる状況を宋書が伝えているが、なかなか自分で描いたシナリオどおりに、ことは運ばなかった。日本の外交下手は、いまにはじまったことではないようだ。

しびれをきらせた最後の倭王武は、有名な「封国は偏遠にして藩を外になす。昔より祖禰自から甲冑をつらぬき、山川を跋渉し、寧処にいとまあらず・・・」ではじまる長い上表文を宋の順帝に提出し、「使持節・都督倭 百済 新羅 任那 加羅 秦韓 慕韓 七国諸軍事・安東大将軍・倭国王」に叙すように、願い出ている。

この要請に対して、順帝は、百済を削除して「使持節・都督倭 新羅 任那 加羅 秦韓 慕韓 六国諸軍事・安東大将軍・倭王」の爵号を与えている。百済だけは倭から独立しているという認識を公式にしめしたのだ。大和政権にとってこれは苦い結末だったろう。外交的には百済が一枚上手だったわけだ。

意図がなければ行動は生まれないし、行動がなければ、記録にも残らないだろう。朝鮮における支配圏を名実ともに確立しようという、強い意図を背景に、南朝へ爵号をもとめて遣使をくり返したため、倭の五王が記録に残った。事象の発生とその情報の記録という意味でも、倭の五王は興味ぶかい史実である。

倭の五王がそれぞれどの天皇なのかという同定問題がある。すでに先学たちがこの問題にとり組んでいて、部分的には解決されている[29][39][49]。

つまり、武＝雄略天皇という、「定点」からスタートして、宋書と記紀が伝える系譜的情報などを勘案して遡上的に対比していくと、まず、興＝安康天皇、済＝允恭天皇という、対比が可能となる。このあたりまでは確定とみてよいだろう。残っている問題は最初の二人、つまり、讃と珍がどの天皇なのか、という点で見解が分かれている。

わたしは、讃＝仁徳天皇、珍＝反正天皇と考えている。「爵号」が外交カードになることを大和政権が知ったのは、百済の腆支王が、四二〇年に宋から受爵したことが契機になったとおもうからだ。じっさい、宋書にある讃の遣使年からすれば、腆支王の受爵後、讃は〝あわてて〟遣使をはじめたといってもよいだろう。

腆支王の受爵四二〇年は、推定崩年から推測すれば応神天皇の末期か、あるいは仁徳天皇初頭の頃である。軍事的にほぼ確立しえた朝鮮における支配圏を、仁徳天皇が名分上も確固たるものにして事業の完成をめざしたとしてもおかしくない時期である。

讃＝仁徳天皇、珍＝反正天皇とすると、「讃死して弟珍立つ」という、宋書の系譜と天皇系譜とに矛盾が生ずる。どちらかが誤っていることになる。もちろん宋書だ。同一場所における記録ではないことが、その理由としてあげられるであろう。

第7章　海を越えて活動する倭人

古代における情報の伝播 ― 人が情報を運ぶ ―

日本列島に、「文化」が歴然としたかたちをもって、はじめて出現した時代は、縄文時代である。約一万数千年前にはじまったとされる縄文時代は、その後およそ一万年間継続し、列島各地に痕跡を残している。縄文時代を記録した文献がないため、もっぱら考古学がこの時代を解明する主役である。

近年、大規模な縄文遺跡が各地でみつかっている。わたしも訪れたことがあるが、青森県の三内丸山遺跡がとくに有名だ。

約五千年前、縄文前期～中期頃に盛行したとみられる集落跡の発掘調査では、めざましい発見があった。巨大な建造物の遺構として、規則正しくならんだ直径一メートルの柱穴が六つ検出されたのをはじめ、住居、倉庫、集会ホールなどの遺構や、人々の生活を彷彿とさせる遺物が多数みつかったのだ〔50〕。五千年前の「縄文都市」といわれている。

縄文時代といえば、人々は「狩猟生活」あるいは「採集生活」であって、食べものをもとめて、空腹をかかえながら森林をさまよっていた、というステレオタイプのイメージが定着しているが、事実はまるでちがう、ということだ。

整然とした町をつくり、定住生活をしていたことはあきらかだ。

町の長をトップとする支配層の指揮下で、人々の役割分担がきっちりおこなわれていたことも十分想像できる。あるグループは、頑丈な船で外洋に出てカツオ、ブリ、鯖などの漁業に専従していた。また、あるグループは、海を渡って

図7・1　遮光器土偶（レプリカ写真）
左：森県亀ヶ岡遺跡出土［青森県立郷土館提供］
右：宮城県田尻町出土［大崎市教育委員会提供］

北海道に定期的に出張し、交易を通じて、黒曜石をはじめとする必需品を入手するルートも確立していた。

おそらく、建築家の集団もいただろう。土器、漆器、木工品、あるいは繊維などの生産集団もいたはずだ。

ほかの地域と交易をするためには、最低限、共通の言語や計算技術が必要であるが、これらが確立できていたのは当然であろう。そうでなければ交易もできないからだ。

交易というと、ものの移動だけに注目しがちだが、もっと重要なことは、情報の伝播なのだ。文化の伝播とは、つまるところ、情報の伝播にほかならない。倉庫などの建築技術やものづくりの技術なども、「もの」自体の移動ではなく、情報の伝播として取得されたはずである。

三内丸山「町」で、にぎやかに文化的な生活が営まれていた五千年前頃に、世界中をみわたしてみると、メソポタミアに初期の「町」がやっと出現したばかりであった。エジプトの初期王朝の出現もこの頃だった。東アジアでは、大陸に夏王朝（史実とすれば）が出現したのは、これから千年後のことにすぎない。客観的にみれば、この時期の日本列島は地球上における数少ない〝先進地域〟のひとつだったといえるだろう。

人の移動にともなって情報は伝播する。北海道との交流のみならず、日本列島の広い範囲にわたって、人々の交流が日常的に行われていたにちがいない。各地で発掘される縄文中期頃の土器を比較してみると、文様などのデザイン感覚にしても、それをつくる技法にしても、多くの共通点をもっていることが一見してわかる。出土地点が何百キロメートル離れていても、共通点があるということは、二つの地点間に直接か間接かを問わず、人の移動を介して情報の伝播がしっかりあった、ということだ。偶然の一致ということはありえない。

縄文時代晩期の「遮光器土偶」の写真二葉をくらべてほしい（図７・１）。遮光器とは、スリット式のサングラスを意味するが、このタイプの土偶の目のあたりのデザインが、遮光器を装着しているのに似ていることから、命名されたものである。

縄文時代晩期とは、いまから三千年前頃であって、縄文時代終焉の時期であるが、二つの土偶はまったく瓜ふたつといえるほど酷似している。それぞれの出土地点（青森県亀ヶ岡遺跡および宮城県田尻町）の間は、直線距離にしても二五〇キロメートル以上ある。じっさいの道のりを考えれば、五百キロメートルはあるだろう。この二つの地点がおなじ土偶文化を共有していることは、あきらかである。海を越え、野を越え、山を越えて、人々は交流し、情報の伝播が活発に行われていたことが歴然としている。

縄文時代には、すでに日本列島各地をむすぶ、情報伝播のネットワークが、しっかり形成されていたとおもう。ここでいうネットワークとは、だれかが政治的につくり出したものではなく、各地の末端の人々がふつうの生活を営む中で、自然発生的にできあがっていったものであろう。人々の生活にかかわる情報は、こうした自然発生のネットワークを介して伝播されていくものなのだ。弥生時代、水稲耕作のノウハウなどは、まさにこのような形で伝播されていったにちがいない。

人の移動によって情報は伝播するのだが、偶然の交流や一瞬の接触だけで、情報は伝達されない。交流が、何度もくり返されるとともに、十分長い接触時間がなければ情報伝達はできないものだ。目的地をはっきり決めて出発し、到着すれば、長期間そこに滞在するといった、濃密な交流がなければ、情報の伝達も取得もできないということだ。情報伝播のネットワークが形成されていたということは、こういう交流が人々の間で日常的に定着していたことを意味している。

よく知られていることだが、縄文時代には、青銅器などの金属器の使用はなかった。日本列島の内部に、金属器に関する情報の発信源がなかったからである。

青銅器や鉄器などの金属器が発明された地点は、おそらく、メソポタミアなど中東地域内であり、そこを発信源として、ユーラシア大陸の各地へと情報が伝播していった。

文化の通過路であるユーラシア大陸を、西から東へと通過し、その東端に近い海中に浮かぶ日本列島に、金属器の技術情報がやっととどいた頃、縄文時代が終わろうとしていたか、あるいは弥生時代がはじまっていたか、の過渡的な時期であった。

金属器の情報が、いったんもたらされると、きわめてはやいスピードで日本列島各地へ伝播されていっただろう。すでに、各地をむすぶ情報伝播ネットワークが形成されていたからだ。

金属器という技術革新は、周知のように、古代における政治的変動の大きな要因になったが、同時にそれは生活技術の革新にもつながるものであった。生活技術を革新する情報であったとすれば、いわゆる支配層とは無関係に、右記のネットワークを介して末端の人々のレベルで急速に伝播していったはずである。

楽浪海中に倭人あり

西暦紀元前後のころ、前漢の楽浪郡に海を越えて倭人が現れた。漢書・地理志の「楽浪海中に倭人あり、分かれて百余国をなす。歳時をもって来たり、献見すという」という記事が伝える有名な事実だ[29]。

まことに短い記事だが、これから多くのことが読み解ける。

この時期、「百余国」に分かれていた倭人勢力の中で、一部の勢力は楽浪郡へ定期的に遣使するまでになっていたことがわかる。いまの平壌付近にあったと考えられている、遠い楽浪郡に遣使したということは、はっきりした目的があったということだ。九州の倭人勢力が、朝鮮半島情勢を視野に入れた外交活動を展開していたことにほかならない。この頃の倭人が、朝鮮半島情勢に習熟していたという事実は、それに先立つ長い期間にわたって濃密な交流が行われていたことを暗示しているし、人口増加の鍵になった金属器という技術革新の情報も、やはり海を越えて行く、交流の結果として取得できたものだ。

弥生時代の倭人が、交流を目的として朝鮮に向けて渡海することは、かなり日常的であったことがよくわかる。

後漢書・東夷伝にある「建武中元二年、倭奴国、奉貢朝賀す。使人自ら大夫と称す。倭国の極南界なり。光武賜うに印綬を以てす」（五七年）および「永初元年、倭国王帥升等生口一六〇人を献じ、請見を願う」（一〇七年）という二つの記録は、楽浪郡への遣使ではなく、後漢の本拠地である洛陽への遣使を伝えている。

洛陽へ行く交通ルートは、朝鮮半島と無縁ではない。歴然とした記録はないが、この頃、すなわち二世紀初頭の頃には、倭人が朝鮮半島（南部地域）に、すでにしっかりした足場を築いていたはずだ。そうでなければ、こうした外交活動の動機も生まれないし、具体的に実行に移すこともまた困難であったろう。

ところが二世紀の後半になると、倭の内部に問題が発生する。後漢書は、桓帝・霊帝の間（一四六年～一八九年）に倭国に大乱がおこったと伝えている。この間は、おそらく、外交活動どころではなかった。たしかに、この時期以降における、倭からの遣使は途絶える。

ふたたび、倭から遣使がおこなわれたのは、魏志倭人伝が伝える有名な卑弥呼の遣使であった。二三九年のことである。

卑弥呼の後、壱与が二六六年に西晋（魏の後継）に遣使しているものの、倭から大陸王朝への遣使は、四一三年の倭王の遣使まで、一四七年間、ぱったり途絶える。四一三年の遣使とは、第5章で書いたように、応神天皇が阿知使主らを派遣した一件をさすと考えられる。

このようにみていくと、三世紀中では、倭と外部との交流を伝える情報は、魏志倭人伝以外に、まったくないようにみえる。じっさい、それがやむをえないこととして、きびしい情報不足の中で邪馬台国を考えてきた、というのが、これまでの実情ではなかろうか。

『三国史記』を活用する

わたしは、三世紀の「倭」を考えていく上での、情報不足を緩和する手段として、朝鮮の史書である『三国史記』を活用する方策はないものかと考えていた。

三国史記は、高麗王朝の高位貴族であった金富軾が、勅命によって一一四五年に完成させた三韓（新羅・百済・高句麗）についての正史である。

これまで、三国史記の情報的価値については、かならずしも高い評価があたえられていたわけではない。十二世紀という、かなり後の時代に編纂されたということが、その理由であったらしい。同時代の編纂でないというわけだ。第1章で述べたが、同時代でも信頼性に欠く文献もあるし、時代がちがっていても、記述に信頼のおける文献もある。

そもそも、記述している時代と同時代に編纂されたものかどうかが、史書の信頼性を左右するのだという、考え方じたいが、まちがっているとおもう。

第6章で、「汎応神時代」における朝鮮への進出について考えたとき、日本書紀と三国史記にある関係記事の対比表（表6・1）をつくった。さらに、これらの記事と広開土王碑文との対比もおこなった。記事の対比をすすめていく中で、三国史記がきわめて信頼度の高い情報を伝えていることは、だれにもよくわかる。

ただし、三国史記の中で、百済本紀については三世紀末以前、新羅本紀は四世紀末以前の記事に、年代の狂いがあることは事実であって、そのことが、これまで一般的評価を下げていた一因だろう、とおもう。

わたしは、三国史記における年代の狂いとは、記紀にみられるのとおなじ装古操作によるものと考えている。そうならば、積極的に年代を修正すればよい。適正に修正することができれば、三国史記の情報的価値を高めることができるはずである。

三国史記は、それぞれの王朝について、各王の即位年を起点とする編年体で事蹟が記述されている。王の即位年（あるいは崩年）が、年代の基準になっているのだ。日本書紀とおなじである。

装古操作がおこなわれているのは、やはり、それぞれの王朝の初期段階であって、これも日本書紀と共通している。王朝のはじまりを古くみせようとした結果だろう。

こうなると、古代天皇の崩年を推定した方法、つまり、第3章で用いた崩年モデルが、三韓の古代王にも応用できるのではないか。そう考えたのである。やってみると、じつにみごとなフィッティング結果が得られたのである。

百済・新羅・高句麗王朝に崩年モデルを適用する

崩年モデルを、わが国の古代にふかくかかわってきた古代朝鮮の王朝、すなわち、百済・新羅・高句麗の、三韓王朝に適用した分析結果を以下に紹介しよう。なお、本章での分析に用いた三韓の王の崩年データは、すべて『三国史記』百済本紀、新羅本紀、および高句麗本紀から抽出したものである[47]。三国史記崩年とよぶことにしよう。

【百済王朝】

始祖温祚王からはじまる百済王朝は、三一代義慈王で幕を閉じる。

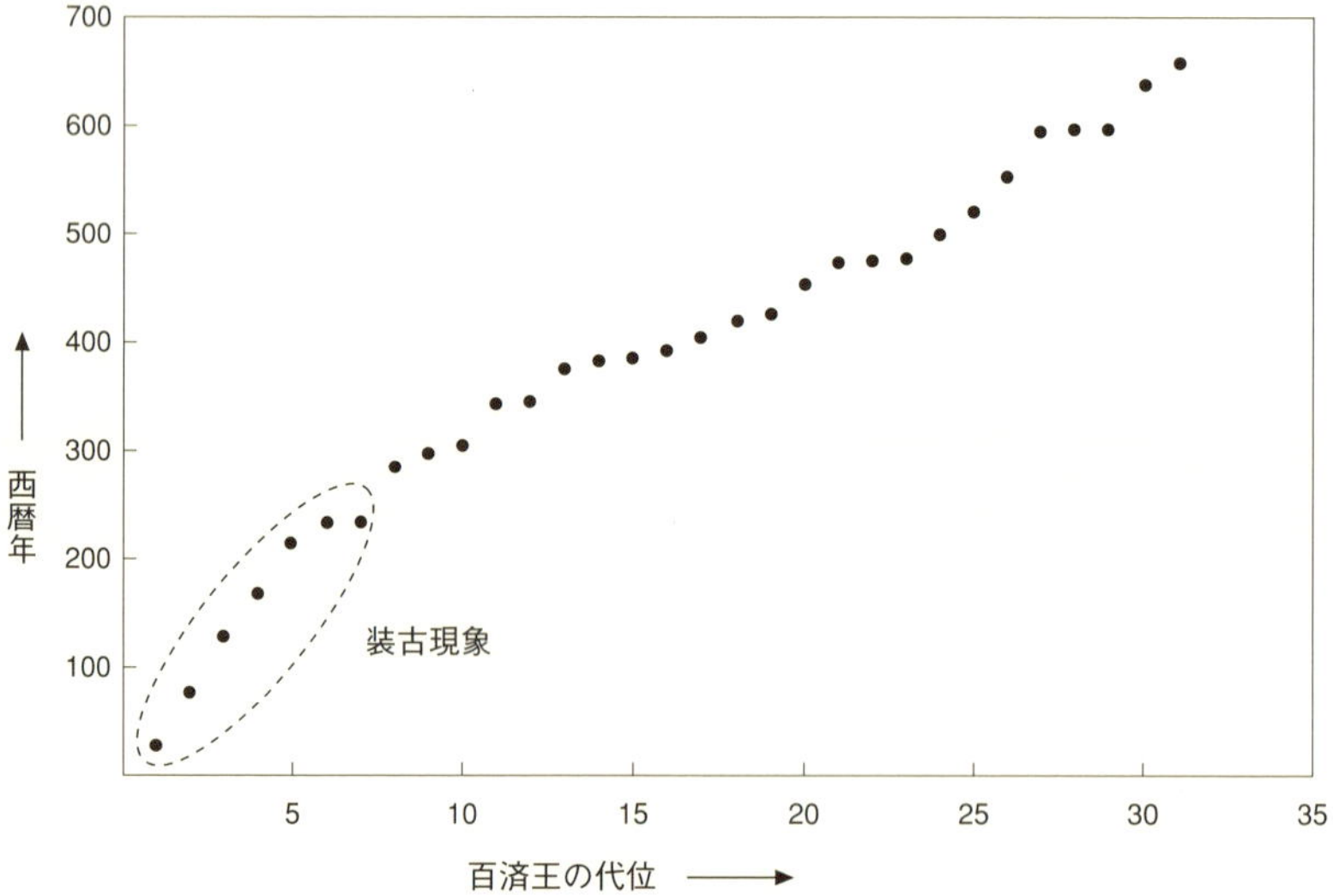

図7・2　百済王の崩年データ

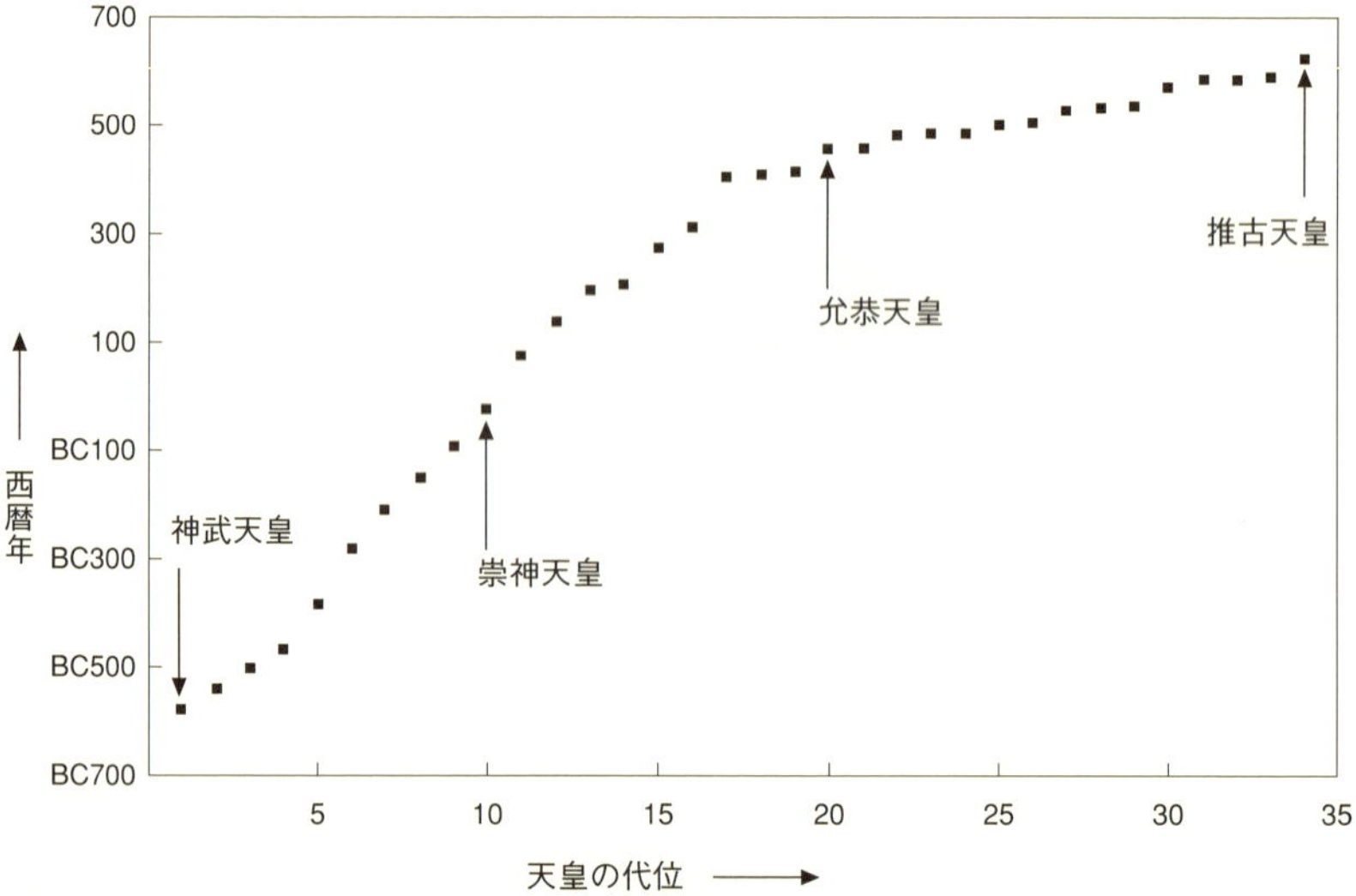

図7・3　日本書紀崩年の装古現象

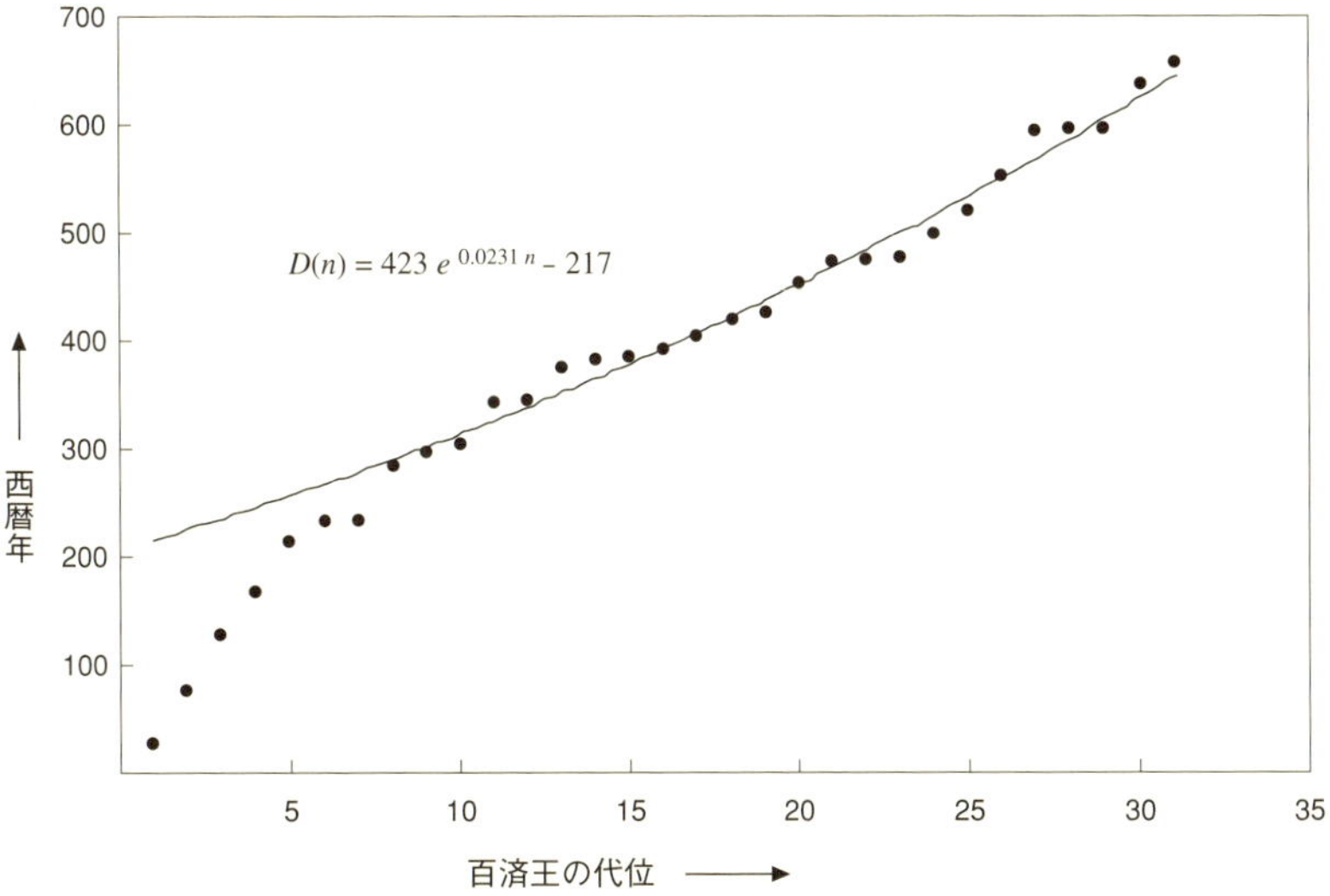

図７・４　百済王崩年推定式とその曲線

この間、高句麗、新羅、あるいは倭国などとの間で、交戦や交流が織りなす長い歴史を歩んできたわけだが、最後は、唐が支援する新羅によって滅亡に追いこまれる。六六〇年のことである。

図７・２にしめしている百済王の崩年データをながめて、まず気がつくのは、王朝初期の王たちの崩年データがそれ以降と比べると、古代天皇の場合と類似の、あきらかな装古現象があらわれていることである。図７・３に、日本書紀がしめす古代天皇崩年をグラフ化している。そっくりな装古現象であることが、一見してわかる。

日本書紀ほど過激ではないが、第二代多婁王の在位年数は四九年、三代己婁王は五一年、四代蓋婁王は三八年、五代肖古王は四八年とあるように、後代にくらべると格段に長い。

天皇の崩年データの分析では、日本書紀崩年の初期部分は、信頼度が低いとみてすべて除外した。百済王の場合も〝装古〟部分を除外するとすれば、何代目までを除外するかが問題である。

結論として、図７・２にみられる崩年データの変化傾向から、七代沙伴王までを装古部分として除外することにした。八代以

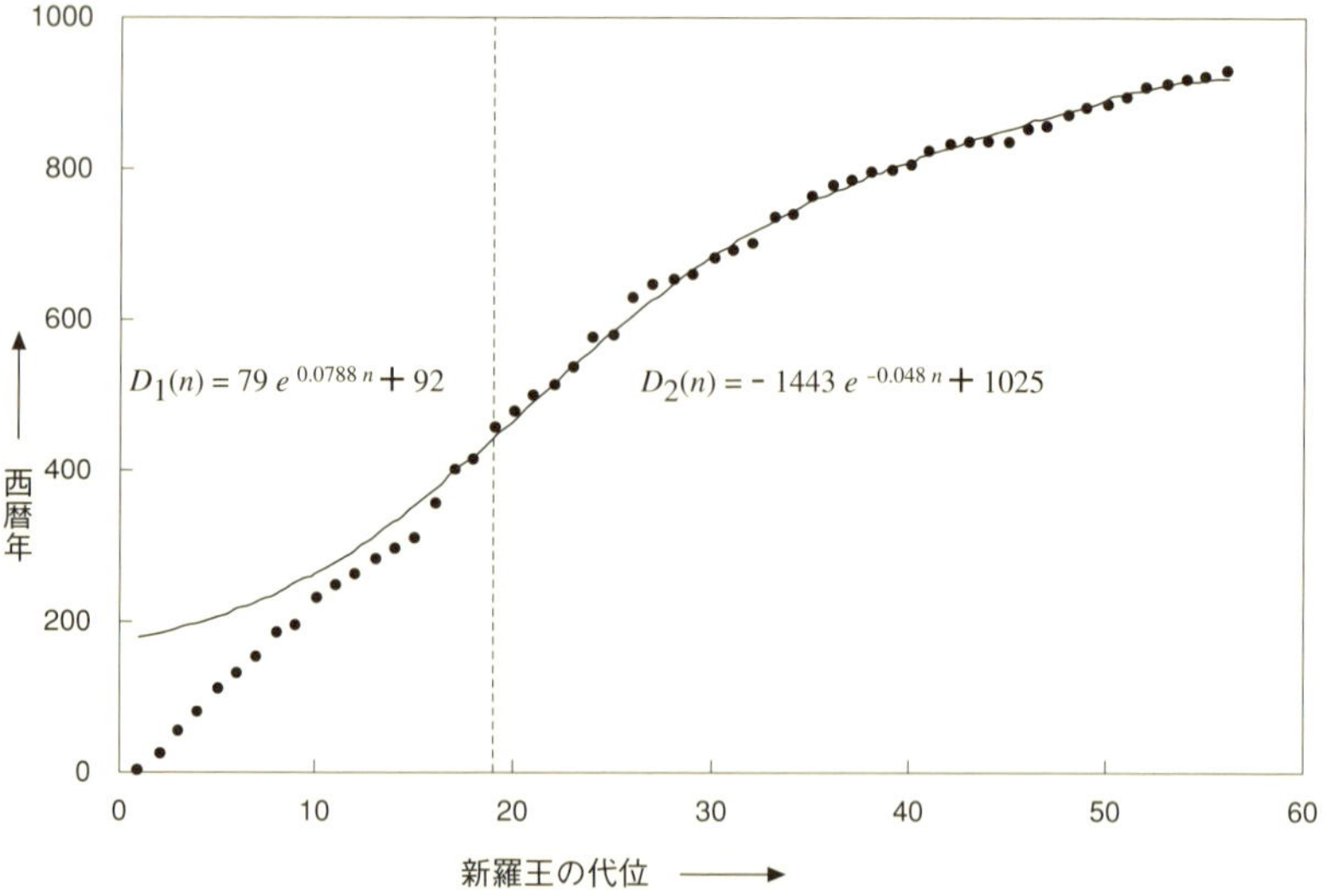

図7・5　新羅王崩年推定式とその曲線

降の崩年データに、崩年モデルをあてはめた結果、つぎの崩年推定式が得られた。適合率は0.987である（データの数が少ないので適合率は若干低めになっている）。

$D(n) = 423\,e^{0.0231\,n} - 217$　（百済王崩年推定式）

百済王崩年推定式によって描かれる曲線を図7・4にしめす。崩年データとの乖離もすくなく、きわめてうまく適合していることがわかる。王朝初期七代の崩年データの不自然さもよくわかる。

【新羅王朝】

新羅王朝は特異である。崩年データの系列をグラフでみると、次第に上昇が抑制される傾向をしめしている。崩年モデルでいう減退環境に相当するとみられる。王朝初期段階の傾向も後半と似てはいるが、これは異質であって王朝初期に共通する装古現象とみなすべきであろう。

三韓を統一し、五六代敬順王まで続いた新羅王朝が、初期段階（装古部分）を除いて、一貫して減退環境におかれていたことは、図7・5にしめした崩年データの傾向からはっきり読みとれる。三韓史にくわしいわけではないので、わたしにはその理由を詳細に云々する実力はない。

ひとつの推測として、新羅王朝をとりまく環境が、つねに流動的で不安定だったのではないか、という一点をあげることができるであろう。

王朝の創成期からしばらくは弱小な存在であり、勃興してきた強大な百済との交戦にあけくれる中で、倭や高句麗の〝くびき〟から逃れることも、ままならない状況にあったと推測される。

画期は、二九代武烈王～三〇代文武王の頃におとずれた。

唐の冊封を受け、強大な唐の軍事支援を背景に、百済と高句麗を滅亡に追い込み、三韓の統一に成功したのである。しかし、統一新羅が成立した直後から、唐は朝鮮半島の完全支配をめざして新羅に執拗に内政干渉をおこなったため、その後も新羅は唐との間で「綱わたり」のような、生き残り外交を続けなければならなかった。こうした新羅王朝をとりまく間断のない緊張状態が、崩年データのしめす減退環境の一因になったのではなかろうか。

さて、新羅王朝の崩年データにおいて、何代目までを装古部分とみるかであるが、一九代訥祇麻立干王までと判定した。王朝をとりまく環境の変化を考えるにあたって、一九代訥祇麻立干を変曲点とし、これ以前を増進環境、これ以後を減退環境として二つの崩年モデルを用いることにした（一九代以後の適合率は0.994である）。

新羅王崩年推定式（数式）はここでは省略するが、図７・５には、それによって描かれる曲線をしめしている。曲線は、一本の曲線のように見える。じつは、一九代訥祇麻立干の左右で異なる曲線が描かれている。二本の曲線が、一九代訥祇麻立干のところで、なめらかに接続する条件を加えて左側の曲線を決定している。

二つの曲線の接続条件のひとつとして、百済肖古王の推定崩年二五八年（後述）を基準点とみたとき、新羅九代伐休尼師今の崩年が、二五三年頃と推定できることも組み入れている。推定の根拠はつぎのとおりである。

百済本紀が、肖古王の在位中の事蹟として、新羅母山城を攻めたこと、伐休尼師今が派遣した将軍仇道の軍を破ったこと、一〇代奈解尼師今が利音を将軍として百済沙峴城を攻撃したことなどを記載している。新羅本紀にもこれを裏づ

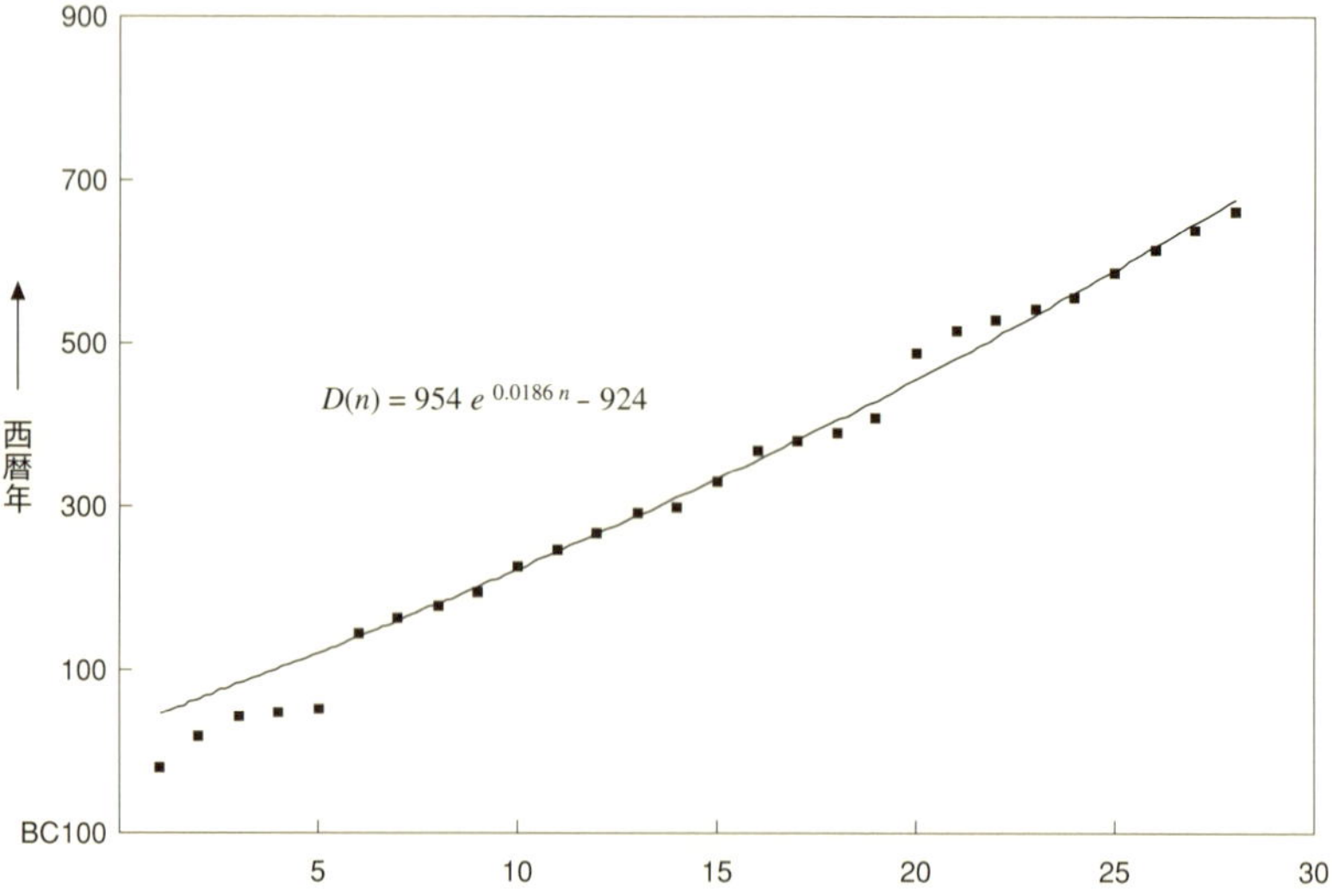

図7・6　高句麗王崩年推定式とその曲線

ける記載がある。さらには、肖古王在位中に伐休尼師今が没し、奈解尼師今があとを継いだことも見逃せない。これらを総合して伐休尼師今の崩年を二五三年頃と推定したわけである。

【高句麗王朝】

高句麗王朝は、大陸の東北部にいた扶余を出自とする王朝といわれている。漢族との抗争の中で次第に拠点を南下させ、唐と新羅の連合軍によって、滅亡させられる頃（六六八年）には、平壌を拠点としていた。始祖東明聖王から二八代宝臧王にいたる王朝である。

王朝の前半では、朝鮮半島におけるその勢力は、とくに強大なものではなかったが、後半の一九代広開土王の頃には、三韓の中でもとりわけ大きな力をもつにいたった。息子の長寿王（二〇代）が建立した、広開土王の業績をたたえる「広開土王碑」（現在の大陸側吉林省に遺存する石碑）の碑文は、同一場所かつ同時代の記録として、日本の古代を考える上でも信頼度の高い貴重な情報を伝えるものである。

余談であるが、長寿王の在位年数は七八年におよんでいる。諡号「長寿王」は、まさに三韓でも珍しい長寿ぶりを表現したものだろう。

高句麗王朝の崩年データについても、王朝初期段階で装古現象がみられる。装古部分を除外して分析した結果、適合率0.994で、高句麗王崩年推定式が得られている。ここでも、数式は省略して、それによって描かれる曲線を、崩年データとともに、図７・６にしめしている。王朝初期において、曲線から乖離している五つの崩年データが装古部分である。

三韓の王の推定崩年

百済・新羅・高句麗の王の崩年推定式によって描かれる曲線（前節にしめした三つの曲線）を大観すれば、つぎのような知見が得られる。

すなわち、崩年データと曲線の一致の度合いが、崩年データ（三国史記崩年）の信頼度のめやすと考えると、

（1）百済王の崩年データは、三世紀末以後に関しては信頼できそうだが、それ以前については修正の必要がある。新羅王については四世紀末以前、高句麗王については、二世紀中頃以前についてやはり修正の必要がある。

（2）崩年モデルによる分析結果からすれば、王朝の開始時期は、高句麗がもっとも古く一世紀中頃、新羅は二世紀末頃、百済は三世紀初頭頃とみられる。

という二点に注目する必要があるだろう。

新羅本紀がしめす崩年データを分析してみると、ほかの王朝にくらべて装古部分の多さがとくに目立っている。この原因は、三国史記の編者であり、高麗王朝の高位貴族でもあった金富軾が、編集過程においてみずからの出自である新羅王朝を、できるかぎり古く位置づけようとした結果だという見方があるようである。そうかも知れない。

さて、三韓の王の崩年（三国史記崩年）と、それぞれの王朝について得られた崩年推定式による推定崩年を表７・１のように一覧表にしておく。

表7・1　三韓王の崩年一覧

百済			新羅			高句麗		
王名	代	崩年	王名	代	崩年	王名	代	崩年
始祖温祚王	1	〈216〉 28	始祖赫居世	1	〈177〉 4	始祖東明聖王	1	〈48〉BC 28
多婁王	2	〈226〉 77	南解次次雄	2	〈184〉 24	瑠璃明王	2	〈66〉 18
己婁王	3	〈236〉128	儒理尼師今	3	〈192〉 57	大武神王	3	〈85〉 44
蓋婁王	4	〈247〉166	脱解尼師今	4	〈200〉 80	閔中王	4	〈104〉 48
肖古王	5	〈258〉214	婆娑尼師今	5	〈209〉112	慕本王	5	〈123〉 53
仇首王	6	〈269〉234	祇摩尼師今	6	〈219〉134	大祖大王	6	146
沙伴王	7	〈280〉234	逸聖尼師今	7	〈229〉154	次大王	7	165
古尓王	8	286	阿達羅尼師今	8	〈240〉184	新大王	8	179
責稽王	9	298	伐休尼師今	9	〈253〉196	故国川王	9	197
汾西王	10	304	奈解尼師今	10	〈266〉230	山上王	10	227
比流王	11	344	助賁尼師今	11	〈280〉247	東川王	11	248
契王	12	346	沾解尼師今	12	〈295〉261	中川王	12	270
近肖古王	13	375	味鄒尼師今	13	〈312〉284	西川王	13	292
近仇首王	14	384	儒礼尼師今	14	〈330〉298	烽上王	14	300
枕流王	15	385	基臨尼師今	15	〈350〉310	美川王	15	331
辰斬王	16	392	訖解尼師今	16	〈371〉356	故国原王	16	371
阿莘王	17	405	奈勿尼師今	17	402	小獣林王	17	384
腆支王	18	420	実聖尼師今	18	417	故国壌王	18	392
久尓辛王	19	427	訥祇麻立干	19	458	広開土王	19	413
毘有王	20	455	慈悲麻立干	20	479	長寿王	20	491
蓋鹵王	21	475	炤知麻立干	21	500	文咨明王	21	519
文周王	22	477	智證麻立干	22	514	安臧王	22	531
三斤王	23	479	法興王	23	540	安原王	23	545
東城王	24	501	真興王	24	576	陽原王	24	559
武寧王	25	523	真智王	25	579	平原王	25	590
聖王	26	554	真平王	26	630	嬰陽王	26	618
威徳王	27	598	善徳王	27	647	栄留王（建武王）	27	642
恵王	28	599	真徳王	28	654	宝臧王	28	668
法王	29	600	太宗武烈王	29	661			
武王	30	641	文武王	30	681			
義慈王	31	660						

（表中で〈　〉で囲まれた数字は推定崩年）

ただし、新羅王については三〇代までとし、その後は省略している。この表の崩年欄に記載している基本数値は、すべて三国史記崩年である。さきに述べたように、各王朝初期の崩年（装古部分）は信頼できない。そこでこれに該当する王たちについては、崩年推定式によって得られた推定崩年を＜＞で囲んで併記している。

三国史記が伝えるもの

表7・1における推定崩年でいえば、新羅の開始は二世紀末頃、百済の開始は三世紀初頭頃になる。ちょうど倭国大乱が収束しつつあった時期にあたる。この二国はしかし、新羅本紀や百済本紀が麗々しく描いているほどには、まだれっきとした存在ではなく、すくなくとも四世紀初頭頃までは、それぞれ馬韓や弁辰地域において、「伯濟」

表7・2　新羅王初代～9代における倭関係記事（要約）

王　名	代　位	〈推定在位年〉	倭関係記事
始祖赫居世	1	〈？～177〉	◆倭人が出兵し辺境に侵入しようとしたが、始祖の威徳を聞いてひきかえした。
南解次次雄	2	〈177～184〉	◆倭人が兵船百余隻で海岸地方の民家を略奪した。
儒理尼師今	3	〈184～192〉	（倭関係記事なし）
脱解尼師今	4	〈192～200〉	◆脱解はむかし多婆那国で生まれた。その国は倭国の東北一千里のところにある。 ◆倭国と国交を結び、互いに使者を交換した。 ◆倭人が木出島に侵入した。王は角干羽烏を派遣し、これを防いだが、勝つことができなかった。羽烏はこの戦いで戦死した。
婆娑尼師今	5	〈200～209〉	（倭関係記事なし）
祇摩尼師今	6	〈209～219〉	◆倭人が東部の辺境に侵入した。 ◆王都の人たちは、倭兵が大挙して攻めてきたという流言に、先をあらそって山や谷に逃げ込もうとした。王は諭してとどまらせた。
			◆倭国と講和した。
逸聖尼師今	7	〈219～229〉	（倭関係記事なし）
阿達羅尼師今	8	〈229～240〉	◆竹嶺が開通した。倭人が来たり訪れた。 ◆倭の女王卑彌乎が使者を送って来訪させた。
伐休尼師今	9	〈240～253〉	◆倭人が大飢饉にみまわれ、食料を求めて千余人も来た。

（記事の抜き書きはすべて井上秀雄氏の訳[47]の引用）

や「斯盧」とよばれていた、単なる一地区勢力にすぎなかったのが実態であろう。

朝鮮半島内部の情勢を伝える魏書・東夷伝によれば、弁辰地域に多くの「国」があり、その中には、斯盧国や瀆盧国の名がみえる（斯盧は新羅の前身）[27]。また、「国出鉄、韓、濊、倭皆従取之」「瀆盧国與倭接界」などの記述があり、倭が弁辰と接する位置に拠点をもっていたことがうかがえる。馬韓にも多くの「国」があり、その中にたしかに伯濟国の名もみえる（伯濟は百済の前身）。しかし、ここでも、斯盧や伯濟はあくまで一地区勢力としての位置づけになっている。

新羅本紀には倭の記事がきわめて多い。

始祖赫居世の条に、すでに倭人の侵入の記事がある。一方、始祖赫居世のときから瓠公（ココウ）という重臣が活躍するが、倭人だという。

四代目の王である脱解尼師今は、倭国の東北一千里にある多婆那国（丹波国？）で生まれたという。もし、多婆那国を日本列島内とすると、文脈から「倭国」は九州地域でなければならない。

脱解尼師今の条には、倭の侵入記事とともに、倭国と国交を結んだ記事もある。六代祇摩尼師今の条にも倭の侵入と講和の記事がある。表7・2に、始祖赫居世から九代伐休尼師今までの期間に記載されている、倭関連の記事を記載順に抜粋している[47]。

この表には、表7・1の推定崩年から算出した、王の推定在位年をしめしている。これから推測すると、表7・2にある出来事はすべて二世紀末〜三世紀中頃までのことであり、弁辰地域の一地区勢力であった斯盧の時代の話と考えてよい。

弁辰地域は、倭を含む諸勢力の雑居地帯でもあり、斯盧と倭が密接な関係をもっていたとしても何ら不思議ではない[25]。倭内部の情勢が安定しなかったこの時期、武器の素材である鉄の供給地として、弁辰地域は倭の勢力にとってきわめて重要であり、多くの倭人が渡来するとともに、この地域で活発に行動していたと考えられる。

卑弥呼の遣使と朝鮮情勢

二三九年、卑弥呼は大夫難升米らを帯方郡に遣わし、皇帝に朝献したいと申し出た。帯方郡の太守劉夏は、使を随行させて倭の使節を魏の都洛陽に送りとどけたのである。

魏志倭人伝として知られている「倭人伝」のほかに、魏書・東夷伝には高句麗伝、馬韓伝、弁辰韓伝などがあるが、この時期に、魏の本拠地である洛陽まで遣使して正式な外交を行っているのは倭の女王国だけであり、高句麗、伯濟、あるいは斯盧については、そうした事例の記載はない。朝鮮半島をめぐる諸勢力の中で、倭がずば抜けて人口規模が大きく、影響力の大きい存在であったことをしめしている。

新羅本紀が伝える八代王の阿達羅尼師今の条に、倭の女王卑弥呼が使者を送ってきた、という記事がある（表7・2参照）。表7・1にしめしたように、阿達羅尼師今の三国史記崩年は一八四年であり、これではまったく時代があわない。

一方、推定崩年は二四〇年である。これなら卑弥呼が使者を送ったとしてもおかしくはない。倭国大乱がとりあえず収束し、女王国が成立したという段階で、さっそく魏の洛陽に遣使した卑弥呼が、以前から密接な関係にあった斯盧（新羅）に対して、何の沙汰もしないほうがむしろ不自然と考えるべきではないだろうか。

新羅本紀が伝える倭の記事には、倭の侵入をはじめとする、倭→新羅の方向の記事はあるが、逆に新羅→倭の方向の記事はみあたらない。おそらく、多数の倭人が、日常的に、弁辰に居留していたことによるものであろう。

表7・1の高句麗王崩年をみれば、卑弥呼が魏に遣使した頃は、一一代東川王の時代にあたる。高句麗本紀によれば、東川王は魏との緊張関係を和らげるため、外交に腐心したが、結局、魏に攻め込まれ、本拠地の丸都城を占拠される事態をまねいている。

魏が卑弥呼の遣使を歓迎した背景には、このような緊張状態があったわけだ。百済本紀には、この時期における倭の記事はみあたらない。もっぱら新羅との交戦記事が多い。おそらく倭人と百済（伯濟）との交流も活発に行われていたとおもわれるが、軍事的な衝突のない、ある意味で良好な関係が保たれていたのだろう。

卑弥呼が魏に派遣した使節団は、まず帯方郡に赴いた。そこで、太守劉夏が、使節団を洛陽に案内するために、使を随行させたというわけだが、倭から帯方郡への交通ルートは半島の西側、馬韓ルートであったと考えられる。伯濟を含む馬韓地域は、全体として、倭との関係がやはり良好であって、使節団が通行するにあたって、安全な交通ルートだったにちがいない。

倭と新羅の交流史からみえるもの

魏志倭人伝が伝える倭の情勢や文化風俗は、これまでもしばしば話題にされ、邪馬台国論争のもとにもなってきた。

表7・3　新羅王10代～15代における倭関係記事（要約）

王　名	代 位	〈推定在位年〉	倭関係記事
奈解尼師今	10	〈253～266〉	◆倭人が国境を犯した。伊伐湌の利音に反撃させた。
助賁尼師今	11	〈266～280〉	◆倭人が突然侵入して金城を包囲した。王が自ら城を出て戦ったので賊郡は壊滅・逃走した。賊軍を追跡させて一千余人を殺し捕らえた。 ◆倭軍が東部の国境を犯した。 ◆伊湌の干老が倭人と沙道で戦った。火を放って倭軍の舟を焼いた。賊兵は水に溺れてことごとく死んだ。
沾解尼師今	12	〈280～295〉	◆倭人が舒弗邯の干老を殺した。
味鄒尼師今	13	〈295～312〉	（倭関係記事なし）
儒礼尼師今	14	〈312～330〉	◆倭人が一礼部を襲い、村々に火をつけて焼き払い、一千人を捕らえてたち去った。 ◆倭兵が攻めてくるとの情報で、船を修理し、兵器を修繕した。 ◆倭兵が沙道城を攻め落とそうとした。一吉湌の大谷に命じて救援させ、この城を確保した。 ◆倭兵が侵入して長峯城を攻めたが、勝てなかった。 ◆王は重臣たちに（つぎのように）いった。 「倭人がしばしばわが国の城や村を襲うので、人々は安心して生活することができない。私は百済と共謀して、一時海上にでて、その国を攻撃しようと思うがどうであろうか」 舒弗邯の弘権は答えた。 「我が国おｎ人々は水上の戦いに慣れていません。危険を冒して遠征すれば、おそらくは思いがけない危険があるでしょう。まして百済は嘘が多く、その上わが国の侵略を企図しております。おそらく共同で謀議することは困難でしょう」王は「よくわかった」といった。
基臨尼師今	15	〈330～350〉	◆倭国と国司の交換をした。

（記事の抜き書きはすべて井上秀雄氏の訳[47]の引用）

約二千字を費やして記述されている倭人伝は、東夷伝中の高句麗伝、馬韓伝、弁辰韓伝などと比べても、大きなあつかいになっている。つまり、字数でみた情報量は、倭が最大なのだ。

同一場所における記録ではないため、もちろん信頼性に問題はあるが、全体として日本古代を考える上で重要な情報源であることに変わりはない。とくに、倭人伝が伝える卑弥呼以後の倭の情勢はきわめて重要である。

卑弥呼以後の記事のあらすじはつぎとおりだ。

卑弥呼が二四八年頃に没した後、男王が立てられるが、人々はこれに服さず内乱となった。そのため、宗女壱与を王として立て、やっと国中が治まった。壱与も、二六六年、西晋（魏の後継）に遣使している。倭から大陸王朝への遣使は、このあと四一三年の倭王の遣使まで途絶える。

すでに書いたが、四一三年の倭王の遣使とは、応神天皇が阿知使主らを派遣した一件をさすと考えられる。この間、一四七年間という長い空白がある。この空白は、大陸王朝の史書に記録がないという意味での空白であるが、この間の情勢はどのようになっていたのだろうか。倭の記事が多い新羅本紀をみてみよう。

推定崩年で考えると、壱与の時代から四世紀中頃までに在位した新羅王は、一〇代奈解尼師今から一五代基臨尼師今までの六代とみられる。各王在位中の倭関係の記事（概略）を記載順に、表7・3にまとめている。

この表に要約された倭関係記事をみれば、壱与以後、大陸王朝への遣使は途絶えているものの、朝鮮半島、とくに新羅への軍事行動は、かなり活発だったことがわかる。

一方、この時期における倭内部の情勢はどうだったのだろうか。壱与のその後はどうなったのだろうか。まったく記録がないのでこれについては推理するしかない。

私見を述べてみよう。

魏志倭人伝の文脈からすると、そもそも、卑弥呼が「共立」されることによって、倭国大乱がなんとか収まったが、卑弥呼の没後はふたたび不安定になり、壱与を立ててなんとかしのいだ、と読める。

倭の情勢の理解としては、地域勢力間の拮抗状態が温存されたまま、かなりきわどいバランスの上に「邪馬台国連合」が成立していたと考えるのが自然だろう。

現代流に理解すれば、規模はまったくちがうが、連合の形態は、EU（ヨーロッパ連合）程度のゆるいものだったのではなかろうか。各勢力が一定の独立性は保ちながらも、抗争は停止し、対米、対ロシア、あるいは対日本などの、域外勢力に対する政策において、共通の利害をもって対処する、といったレベルである。

拮抗状態にある地域勢力の間で連合が成立すれば、その核となる勢力に倭の「中心」が移る。邪馬台国がそうであった。しかし、連合が崩壊するか、あるいは弱まることになれば、各勢力の独立性が高まる。こうなると、倭の「中心」はぼやけるか、消滅する事態にいたるであろう。

大胆な推理をすれば、きわどいバランスの上に立った壱与の時代は、そう長くは続かなかったにちがいない。まもなく、倭は、ふたたび各勢力がそれぞれ独立性を強めていったと考えられる。大乱状態ではないにしても、緊張をはらんだ拮抗状態に移行していった、とわたしは推理する。

名分上はともかく、実態としてみれば、女王国の統制力は、ほとんど消滅していたにちがいない。まさに、室町幕府末期の状況が連想される。

新羅からみた「倭国」とはどこか

壱与の時代が終わったのはいつ頃かについて、正確にはもちろんわからない。三世紀後半中であって、二六六年以後の、ある時点としかいいようがない。ちょうどその頃、表7・3にみられるように、新羅への軍事行動が活発に展開されていたのである。

このとき、新羅がいう「倭」もしくは「倭国」とは何者なのか。日本列島の勢力であることはたしかだが、いったいどこのだれなのか。これも推理する必要がある。

表7・3にあるように、新羅王儒礼尼師今は、渡海して倭国を攻略する計画を重臣たちに下問している。「一時海上にでて」倭国を攻略できるというなら、倭国は北九州の可能性がもっとも高い。

多くの倭人が弁辰に居留し、倭からの渡海も日常的であった当時の状況では、新羅側も倭の地理的情報は熟知していたはずだ。十分に情報を熟知した上での計画だったはずだ。儒礼尼師今の推定崩年は三三〇年である。このとき、新羅側からみた倭国が、北九州だったということは注目にあたいする。

魏志倭人伝によれば、朝鮮半島側との交流における発進地や到着地でもあり、また、周辺国の管轄を目的として女王国が一大率をおいた地は、伊都国である。

伊都国は、女王国に服属していたとされているが、特別な親縁関係にあったことは、文脈からあきらかである。憶測であるが、出自において女王国と共通するところがあったのではないか。地域の実質的な支配者ではあったが、伊都国の正統性や権威の根源は、女王国に由来したのではないかとおもわれる。

伊都国は、九州北岸の強力な地域勢力であった。

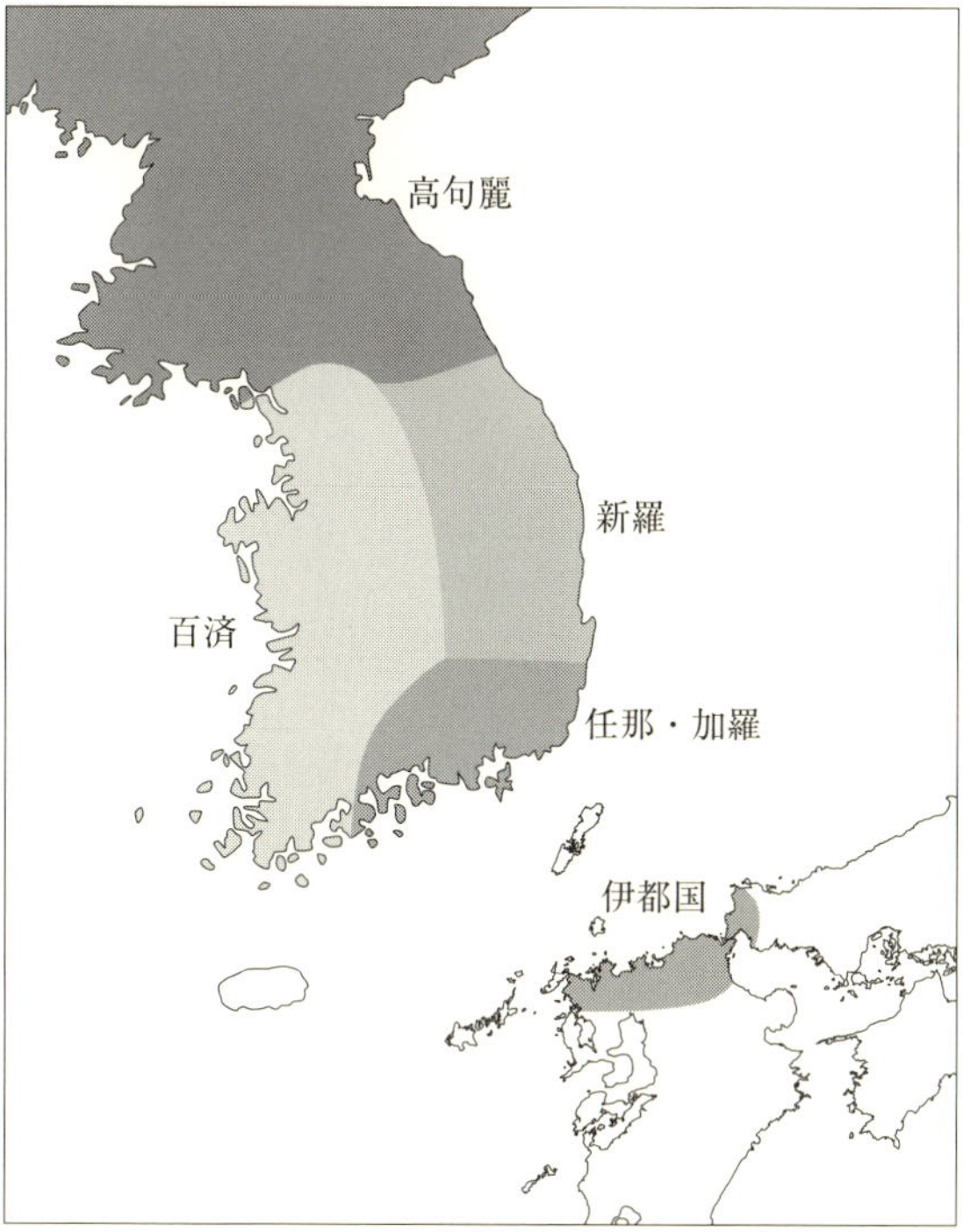

図７・７　三世紀〜四世紀初頭頃の勢力図（想像）

壱与の後、邪馬台国連合が、事実上崩壊していたとすれば、伊都国も独立性を高めたはずだ。伊都国は、操船にすぐれた海上要員や、海上戦にたけた兵力を大量にかかえる海洋国だったとみてよいのではないか。

そうだとすれば、邪馬台国連合がしっかり機能していたときにも、朝鮮半島における倭の活動の実態をみれば、伊都国が一貫して活動の主体であったとみてよいだろう。伊都国は、邪馬台国連合の崩壊後、場合によっては、九州北岸地帯全域から長門におよぶ、広い地域に版図を拡大していた可能性も想定できる。

そうなると、新羅側からすれば、倭の「中心」がどこにあろうと、目の前にいる倭はいつもおなじだったわけである。わたしは、新羅王儒礼尼師今がいう倭国とは、おそらく伊都国だろうとおもう（図7・7参照）。

日本書紀・垂仁紀に面白い伝承がある。崇神天皇の御世に、大加羅国から于斯岐阿利叱智干岐（ウシキアリシチカンキ）が日本にやってきて、着いたところが穴門（長門国）だった。その国の伊都都比古（イトツヒコ）が彼に「自分はこの国の王である。自分の他に二人の王はいない。他の所に勝手に行ってはならぬ」といったという。彼は、伊都都比古を見てこれは王ではあるまいと思ってそこを出て、出雲国経由で越の国に着いた。そのとき、崇神天皇が崩御したので、垂仁天皇に三年仕えたという[5]。

崇神天皇の時代（四世紀中頃）は、倭内部における地域勢力の拮抗状態が、次第に溶けはじめ、新しい中心が芽ばえつつあった頃と考えられる。中心とは大和政権である。

大加羅国の于斯岐阿利叱智干岐という人物は、この時期に倭にやってきた加羅人であろう。倭の新しい中心は、加羅の人々にもぼんやりと見えはじめていたにちがいない。それまで、倭と思っていた目の前の伊都国ではなく、倭の新しい中心に向けて進路を変えていく、彼の行動が、情勢をみごとに描き出しているようだ。

卑弥呼以後とは、どんな時代だったのか、新羅本紀の記事を軸にしながら、わたしの推理を述べてきた。推理に大きな役割をはたしたのは、新羅王の推定崩年にもとづいて再構成された年代観であった。三国史記崩年そのままでは、推理は、もちろん成り立たない。年代の修正なしには、新羅本紀から何も読みとれないのだ。

第8章　邪馬台国を眺望する

神武天皇は実在したか

記紀ともに神武東征の伝承をくわしく伝えている。日向から出発して難波にいたる道程と日程に関して記紀で若干のくいちがいはあるが、全体としてみると、ほぼおなじ内容の征討物語が克明に描かれている。

この神武東征伝承を、すべてつくり話として一蹴する見解があることは知っている。記紀編者が、いきなり創作したというのだ。それでは、何のためにこんな長い物語を史書の中に創作する必要があったというのか。わたしは、寡聞にして説得力のある理由を聞いたことがない。

わたしは、神武東征伝承は史実を伝えていると考える。いや、史実と仮定して推論をすすめたい、といったほうが正確だろう。

はるかむかし、神武天皇が、九州の日向から出発して難波に到着し、その後紆余曲折を経ながら激しい交戦を勝ち抜いて大和の地に入ったという東征伝承は、記紀が編纂された時代の人々にとって、いわば常識といえるぐらいに熟知されていた話だったと考える。現代でも、文書的記録はないけれど、祖父から父へ、父から子へと口伝された「わが家のルーツ」が、戦国時代にさかのぼるような例はいくらでもあるだろう。

神武東征は、まさに「大王のルーツ」であって、大王の下で記紀が編纂された時代の人々にとって、だれもが知っている話であったはずだ。

第1章で書いたように、記紀の編者たちは、衆目の中で検証に耐えうる史書を書きあげなければならないという、きびしい任務に緊張感をもってとりくんでいたはずである。気楽な任務ではなかったはずだ。おなじような情報をもつ人々が多数いる中で、わが国はじめての「正史」の編者が執筆上もちえた自由度は、そう大きいものではなかったと考えられる。比較的自由度があったのは、史書編纂のため収集していた先行記録（口伝を含む参考資料）に必要な情報がみあたらず、推測によってこれをおぎなわなければならない場面であった。

こうした欠損情報の多くは、年代などの数値情報であったとみてよいだろう。数値情報は、もっとも記憶しにくい、されにくい情報の代表格である。

神武天皇が日向を出発したのは何年前のことで、何ヶ月（何年？）かかって難波についたのか、大和で即位したのはいつなのかなど、年月について、編者を含めて正確にはだれも知らないという状況は十分にありえただろう。

こうなると、編者は、欠損している年月を推測する必要にせまられることになる。推測といっても、なにか手がかりがあれば、の話であって、まったく手がかりがない状況では、それこそ「創作」する以外に方法はなかったとおもう。

この場合でも適当にやればよい、というわけにはいかず、それなりの合理的な根拠をさがす必要があったろう。讖緯説の導入は、編者たちの懸命な研究の結果だとおもう。すなわち、辛酉年に革命がおこるという、辛酉革命説である。神武天皇の即位を、きわめて重大な革命とみなすことによって、その年を辛酉年としたわけだ。われわれは、現代の価値観で簡単にそれを創作というが、当時の編者は、真剣に讖緯説を信じて導入したにちがいない。周囲の人々をも納得させる論理であったろう。

神武天皇の即位を辛酉年としても、第3章で述べたように、それだけで絶対年代は定まらない。干支が六〇年周期だからである。「はるかむかしに、神武天皇が大和で即位した」という、記憶感覚にあうように、編者が初期天皇の崩年をどんどん古くしていった結果、それが第3章でみた崩年データの不規則性として現れた、と考えている。

神武東征と邪馬台国

神武天皇の推定崩年は、二八五年である（表3・2）。神武天皇の活動年代は、これよりさかのぼることになるが、全体の年代傾向から推して、およそ二七〇年頃に東征を開始したのではなかろうか。

その頃の倭関連の記事としては、二六六年の壱与の西晋への遣使記事、年代を修正した新羅本紀では、表7・3にある助賁尼師今と沾解尼師今の時代の記事がある。壱与の遣使は、西晋王朝が開かれた直後であり、新王朝への表敬の意味があったとおもわれる。この遣使に際しても、「海洋国」であった伊都国の企画力と実行力に依存するところが大であったとおもわれる。その一方で、新羅本紀が伝えるように、伊都国は、さかんに新羅への侵攻をくり返していたのである。

神武天皇が、東征に向けて日向を出発したのは、ちょうどこの頃だったと推測される。日本書紀によれば、実名（諱）は神日本磐余彦（カムヤマトイワレヒコ）であった。本書では、後からの諡号ではあるが、一貫して「神武天皇」と呼称していくことにする。

記紀によれば、神武天皇の曾祖父瓊瓊杵尊（ニニギノミコト）は、日向の地に「天から降ってきた」ことになっている。いわゆる天孫降臨の話である。神武天皇は、日向に居を定めた曾祖父から三代目にあたる。

天から降ってきた、という表現は、しばしば「突然の出現」を表現する比喩として用いられる。衆議院議員選挙の地方選挙区に縁もゆかりもない候補者が、中央の意向で突然立候補するといった場合、「落下傘候補」というではないか。

天孫降臨の伝承を、ある集団が本来の母集団から分かれて突然日向に移動したことの反映と考えると、もとの故地（出自地）とは縁もゆかりもない場所に無目的に移動したわけではないだろう。日向は、九州から海路で瀬戸内海方面各地に向かう場合の、ひとつの有力な出発地であったと考えられる。日本書紀・景行紀にも、九州に赴いた景行天皇が、日向から大和に帰還したという記事がある。

それでは、日向の集団の出自地とはどこか。九州島内部で日向に近い場所と考えられる。神武天皇が、日向から出発した年代は、前述のように二七〇年頃とみてよいだろう。ちょうど、壱与が、西晋に遣使した二六六年の直後といってもよい頃である。

そのとき、壱与はどこにいたのか。すなわち、邪馬台国はどこかという問題である。もし、邪馬台国が大和にあったとするなら、神武東征とは、女王国の攻略ということになる。女王国を攻略したという、「特異な」史実があれば、伝承としてそれは必ず残るであろう。そんな伝承はどこにもない。神武東征の骨子を史実とするなら、邪馬台国は大和ではありえない。

邪馬台国は九州にあった。神武天皇を産んだ日向の集団のもとの故地とは、邪馬台国そのものか、あるいは邪馬台国と緊密な周辺地域にあったと考えざるをえない。神武東征と、壱与の西晋への遣使は、年代的にきわめて近い出来事である。神武天皇と壱与が、直接話しあったという可能性も十分考えられる。

それはさておき、壱与の時代は、地域勢力間の拮抗状態が温存されたまま、かなりきわどいバランスの上に邪馬台国連合が成立していた。さきに書いたように、いつ連合が崩壊してもおかしくないという情勢だったわけだ。信頼できる同盟国にしても、特別な親縁関係にあった伊都国しかない、という状況だったと推測される。

伊都国は、朝鮮に大きな権益をもつ海洋国ではあったが、倭全体に統制力を発揮しうる勢力ではなかった。あくまで九州北岸の地域勢力として存立していただけであった。

こうした、いわば身動きのとれない、長年の拮抗状態をうち破るための戦略として、神武東征が企画され、断行されたのではなかろうか。日本書紀・神武紀には、「東にうまし地あり」という判断のもとに、東征が企画されたとしるされている。経済的にも、政治的にも発展できる可能性のある土地が、東にあるという認識である。九州を本拠地にしていたのでは、現状を打破して飛躍的に発展できないということなのだ。

この認識は現実的なものであったにちがいない。第4章で書いたように、技術革新の波が九州を発信源として、ゆっくり東へ東へと伝播していく時代の潮流があった[25]。人口増加の波が東へ向かって、ゆっくり広がっていく状況も持続していただろう。人口の移動も続いていただろう。

こうした中、「うまし地」の大和は、さしたる強力な抵抗勢力もない、比較的くみしやすい地域という情勢判断があったのだろう。やや遠い場所であるが、海上通行を考えれば、地の利も悪くないという情報も取得できていたにちがいない。

神武天皇、大和へむかう

しかし、「新天地」大和に拠点を移して秩序の再構築をはかる、という斬新な戦略は、当然リスクの大きい戦略でもあった。日本書紀によれば、神武天皇は日向出発の後、まずは築紫の岡水門（岡田宮）にしばらく逗留している（図8・1参照）。

「天霧らひ　日方吹くらし　水茎の　岡の水門に　波立ち渡る」

―作者未詳―（万葉集　巻七―一二三一）

遠賀川河口左岸地帯が岡の地で、岡水門《おかのみなと》は、河口付近であった。わたしが学生時代に熱心に受講した、犬養孝先生の授業を想い出してしまうのであるが、この歌を現地に立って「犬養節」で声を出して詠んでみると、古代の航海者の心がなんとなくわかる。

「空がぼうっと霞んでいる。東風（日方）が吹くのだろう。水茎（くさ）が生えている

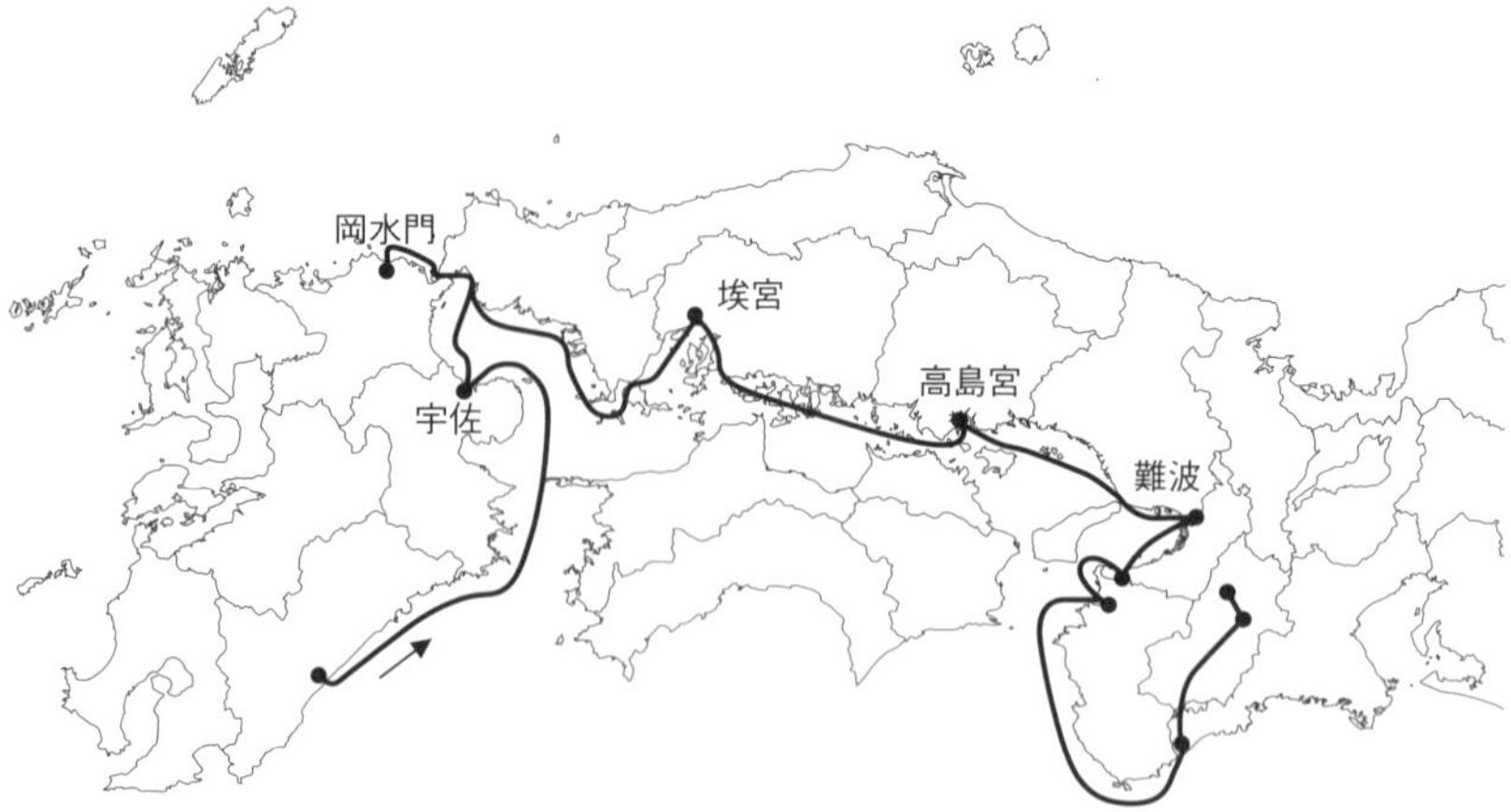

図8・1　神武東征のルート

岡のみなとの水面に波が立ってざわめいてきた」

つねに風の動向に気を配っていた、古代の航海者の、なんでもない気持ちを歌ったものだろう[51]。

このような意味を考えながら、わたしも、訪れた岡の地の静かな水面をながめていたのである。岡の地には、いまも岡湊神社がひっそりと鎮座している（図8・2参照）。

航海を専門とする人々が集中していた岡水門に、神武天皇が逗留したという伝承は、なにを象徴しているのだろうか。

図8・2　岡湊神社

伊都国との親縁関係を将来にわたって強固に継続することが、戦略の成功にとってもっとも重要な要件だったからである。戦略の達成にあたって、伊都国から供給されるなんらかの朝鮮産資材が必要不可欠だったのかもしれない。そうだとすれば、鉄などの金属資材にちがいない。

難波に到達するまでに、神武天皇は、さらに途中二ヶ所に逗留している。安芸の埃宮（多祁理宮）と吉備の高島宮である。この二ヶ所は、大和と伊都国とを結ぶ海上交通路における要所であって、ここに逗留した目的は、いま風にいえば、「シーレーン」確保のための交渉や同盟の締結にあった、と考えてもよいだろう。

伊都国と結ぶ兵站線をきっちり確立した後、神武天皇は「うまし地」の獲得に向けて吉備を出発し、一直線に難波へと軍をすすめた。記紀が伝えるように、紆余曲折はあったが、最終的に抵抗勢力を掃討して大和に到達したのである。予想していたより、在地勢力の抵抗は強かったのかもしれない。記紀に成功や失敗を含む、長編の征討物語がしるされているのは、そのためであろう。

大和を新天地として、神武天皇はそこに拠点をかまえた。記紀が伝える神武天皇の即位である。日本書紀にいう和風諡号「始馭天下之天皇」は、「始めて天の下を馭《しら》しし天皇」と読むべきだろう。神武天皇は、まさに「落下傘」のように、大和の地に降り立ったからである。突然、乗り込んできた新しい支配者にとって、まずはそこに、安定した地歩を固めることが主要な課題であったろう。

神武天皇からはじまる大和の新政権を、ここで「神武政権」とよぶことにしよう。神武政権にとって、しばらくの間は、すくなくとも大和の地域を確実な支配下において経済力をやしない、この地を拠点とする、安定した勢力に成長することが当面の目標であったと考えられる。このためには、在地勢力と融和しながら、新しい秩序をそこに再構築していく「国」づくりが最優先されたとおもわれる。

神武政権が国づくりに向けて始動しはじめた頃、九州の女王国はどうなっていたのだろうか。年代的にいえば、神武天皇が薨じた二八五年頃、すなわち三世紀末に近い頃である。

たしかなデータはなにもないので、憶測にしかならないが、邪馬台国連合は、おそらく崩壊していただろう。地域勢力の連合という動きが、ふたたび現れることなく、それぞれが独立性を高めて拮抗していく状況の中で、女王国はその存在理由を急速にうしないつつ、一閃の光芒を残して消滅していったとおもわれる。

伊都国にとって、女王国は宗主国であり、自らの正統性の根源でもあった。女王国の消滅によって、伊都国は、孤立したひとつの地域勢力として、独立していかざるをえなくなったであろう。女王国との特別な親縁関係は、名分上は神武政権に継承されたかもしれないが、たがいに離れた位置関係にあり、伊都国の独立性に実質的な影響をおよぼすことはなかった。朝鮮において長年培ってきた独自の権益を活用しながら、九州北岸全域に拡大した勢力の維持につとめたことであろう。

一方、瀬戸内海というシーレーンを介して、神武政権が必要とする資材を供給する交流はその後も持続されていったとおもわれる。

神武政権と初期大和政権

神武天皇から開化天皇までの、いわゆる「欠史八代」を含んだ九代からなる政権が実在したと仮定しよう。前述のように、この政権を「神武政権」とよぶことにする。

神武政権は、表3・2の推定崩年にもとづく年代でいえば、およそ三世紀末頃から四世紀中頃まで続いたことになる。この政権の創始期、すなわち神武天皇が大和に拠点をかまえた頃、一瞬だが九州の女王国と並立していたときがあったかもしれない。このときの女王国と神武政権の関係は、本家と分家、あるいは現代の会社組織でいえば、本店と支店の関係といえる。「支店」というより、まだ組織も確立できていない、開設準備段階といったほうがよいかもしれない。その後、本店が急速に力を失って消滅したため、「支店」は速やかに自力更正をはからなければならなかったわけである。

約八〇年間にわたった、神武政権の一貫したとりくみは、大和を安定した勢力に成長させるための、地域内政策にあったと考えてよいだろう。

大和が、地域勢力として確固たる地歩をようやく固めた頃、つぎの段階として、外にむかって支配圏を拡大していく動きがはじまった。四世紀の中頃、崇神天皇の時代である。第6章でくわしく分析した、巨大前方後円墳の発生の時代と重なってくるわけだ。

「初期大和政権」といういい方がある。これが何をさすのか、人によって若干のちがいがあるようである。卑弥呼が大和にいたと考える邪馬台国畿内論者は、卑弥呼政権から初期大和政権がスタートしたと考えるだろう。神武政権の存在を仮定すると、初期大和政権とは、卑弥呼の時代よりやや遅れる神武政権からスタートし、雄略天皇までの、二二代の期間ということになる。表3・2の推定崩年を勘案すれば、二七〇年頃から四七九年まで、およそ二百年間である。

これだけの長い期間を、「初期大和政権」として、ひとくくりにして記述するのは難しい。いくつかの段階（時期）に区分して、それぞれの特色を簡潔に表現してみるとつぎのようになるだろう。すでに、これまでの各章で書いてきたことも含めて、重要な点をまとめておこう。なお、各時期に、推定崩年から算定される年代を付記しておく。

（1）大和創成期　神武天皇～開化天皇　（二七〇年頃～三五五年）

大和を拠点とする安定勢力を構築するために、地域内政策に専念してとり組んだ時代。大和の「国」づくりの時代といえる。「神武政権」の時代である。域外との接触では、必要資材の確保のため、伊都国との交流が継続していた。伊都国と交流するための海上通行に際して、吉備にも随時寄港して接触を続けた。

（2）国内征討期　崇神天皇～成務天皇　（三五五年～三九二年）

四道将軍や日本武尊などの伝承に象徴される日本列島各地への征討活動を積極的に展開した時代。この時期には、名分的にせよ日本列島全域に大和の影響力がおよぶことになったが、実質的支配が実現できた範囲は、畿内周辺地域、吉備、および九州北岸などに限定されていた。抵抗勢力として、九州の熊襲勢力など多くの勢力がなお健在であった。

（3）海外発展期　仲哀天皇～応神天皇　（三九二年～四二〇年）

朝鮮における支配圏を拡大するため、朝鮮への派兵と軍事作戦を積極的に展開した時代。本書ではこの時代を「汎応神時代」とよんでいる。伊都国が伝統的に支配してきた任那加羅を拠点として、主として新羅への攻略に傾注した。百済とは早い段階で修好した。新羅や高句麗への軍事作戦では、百済が協力した。この時期中に、朝鮮半島において、百済、任那加羅、および新羅（一部）を含む広大な支配圏を確立したとみられる。

（4）外交活動期　仁徳天皇～雄略天皇　（四二〇年～四七九年）

日本列島全域を実質的支配下におくとともに、朝鮮における支配圏も一応の安定をみせた時代。朝鮮半島を含めた倭の支配圏全域について、大陸南朝から冊封される形式で、名分上の正統性をしめそうとし、南朝との外交活動に熱心にとり組んだ。いわゆる、「倭の五王」の時代である。雄略天皇のときにいたって、ある程度の成果が得られたが、倭にとって外交上必ずしも満足な成果ではなかった。

前方後円墳の発生と定型化

大和の一地区で発生した前方後円墳が、日本列島各地へ広域に伝播しはじめるのは、崇神天皇の時代であったことは、第6章で述べた。右に書いた「国内征討期」の時代に、前方後円墳は、大和の域外へ波状的に伝播し続けていたわけだ。それでは、前方後円墳という特異な形状をした墳墓形式が、どのような経過を経て生まれるにいたったのか、本書がこれまであきらかにしてきた知見を前提とし、その中で可能なシナリオをさぐってみることにする。

第6章で、纒向型墳丘墓は、前方後円墳の祖形とみることができる、と書いた。それでは、纒向型墳丘墓は、前方後円墳にどのようにむすびついていくのだろうか。本書の視点で、この謎を考えていくことにしよう。

まず、これまでにあきらかにした主要な知見を、つぎのようにまとめてみる。

（1）邪馬台国は九州にあった。壱与の後、二八五年頃とみられる時期に邪馬台国連合が崩壊するとともに、邪馬台国も消滅した。

（2）二七〇年頃、神武天皇が大和に侵攻し、拠点をおいた。その後、開化天皇にいたる九代の神武政権が、およそ八〇年間続いた。

（3）箸墓古墳は卑弥呼の墓ではない。崇神天皇の祖父孝元天皇の姉である倭迹迹日百襲姫の墓である。築造年代は、崇神天皇の在位期間中である。

（4）崇神天皇の崩年は、はやくとも四世紀中頃である。

これら四つの知見を前提条件として、纒向型墳丘墓を考えてみよう。

考古学では、纒向型墳丘墓の推定年代を三世紀中頃～後半としている。これが正しいとすれば、神武政権よりややはやい時期～神武政権の初期、という期間に築造された墳墓ということになる。右記の前提条件（1）から、もちろん邪馬台国とは関係のない勢力の墳墓形式である。考えられるのは、大和の在地勢力しかないだろう。つまり、神武天皇が攻略した相手の在地勢力である。「原大和勢力」とよんでおこう。

原大和勢力は、大和の地で永年にわたって一定の支配圏を保持しつつ、固有の文化をはぐくんでいた勢力だったと考えられる。

弥生時代をとおして、人々は地域をこえて交流し、それと並行してさまざまな情報が伝播され、各地で共有されていった。九州を発信源とする金属器などの技術革新情報も、はやい段階で大和に到達し、温和な気候の中で豊かに農耕経済が発展していたであろう。神武天皇の「東にうまし地あり」という判断も、こうした大和に関する正確な情報が根拠になっていたとおもわれる。

各地域の支配者がだれであったにせよ、人々の交流が地域をこえて活発に行われていたこの時代、人々の移動にともなって、各種の情報が伝達されるのと同時に、可搬性のある製品の移動もあったはずである。

こうした製品の中で、現代まで遺存するものとしては、土器や銅鏡などが代表的であろう。この時期、遠い場所で生産された土器が、遺跡の発掘調査で検出される事例もあるが、まさに人々の移動をしめす物証である。

福永氏は、画文帯神獣鏡の、出土地点の分布地図を作成している[18]。在地勢力としての原大和勢力を考える上で、参考になる情報が読みとれるかもしれない。

纒向型墳丘墓の墳丘長は、大きいものでも一〇〇メートル程度である。平面形の大きさに対する墳丘の高さの比率が、前方後円墳とほぼおなじであることは、第6章で述べた、ホケノ山古墳の検討であきらかになった。

それでは、築造にあたって、どれくらいの支配人口が必要になるのだろうか。第6章で書いたように、箸墓古墳の築造にすくなくとも三六万人の支配人口が必要になると算定された。つまり、墳丘長二八〇メートルの古墳築造の背景として、三六万人の支配人口が必要ということだ。

築造にあたる直接労働力が、三六万人必要ということではない。古墳築造というのは大きな土木プロジェクトであって、これを実施するにあたって労働力の動員や資材の調達などを考えると、背景に一定の「国」力の基盤がなければならないはずである。これは、実質的に支配できている人口がどれぐらいあるのかによるわけであって、それを支配人口といってきたのである。

さて、箸墓古墳築造に必要な三六万人という支配人口の法則を、纒向型墳丘墓に応用すると、それを築造した原大和勢力の支配人口が逆に推定できることになる。さっそくやってみよう。

墳丘長一〇〇メートルの纒向型墳丘墓は箸墓古墳の〇・三六倍だから、体積はその三乗で〇・〇五倍となる。つまり五パーセントということだ（図８・３参照）。

築造に必要な支配人口は体積に比例するから、箸墓の場合の五パーセントあればよいことになる。すなわち、一万八千人の人口が背景にあれば築造できることになる。

原大和勢力が支配していた奈良盆地は、一万八千人以上の人口をやしなえる農業生産力を十二分にもっていた土地とみてまちがいないだろう。

纒向型墳丘墓を築造した原大和勢力とは、いかなる勢力であったのか。わたしには、くわしいことはわからない。ただ、ひとついえることは、纒向地区を本拠地として奈良盆地を中心とした支配域をもっていた勢力だった、ということだ。たしかに、纒向地区には、もっとも古い神社といわれる大神神社があり、大物主神が祀られている。大物主神は、「国つ神」であって、いわば在地勢力の主神とみてよいであろう。

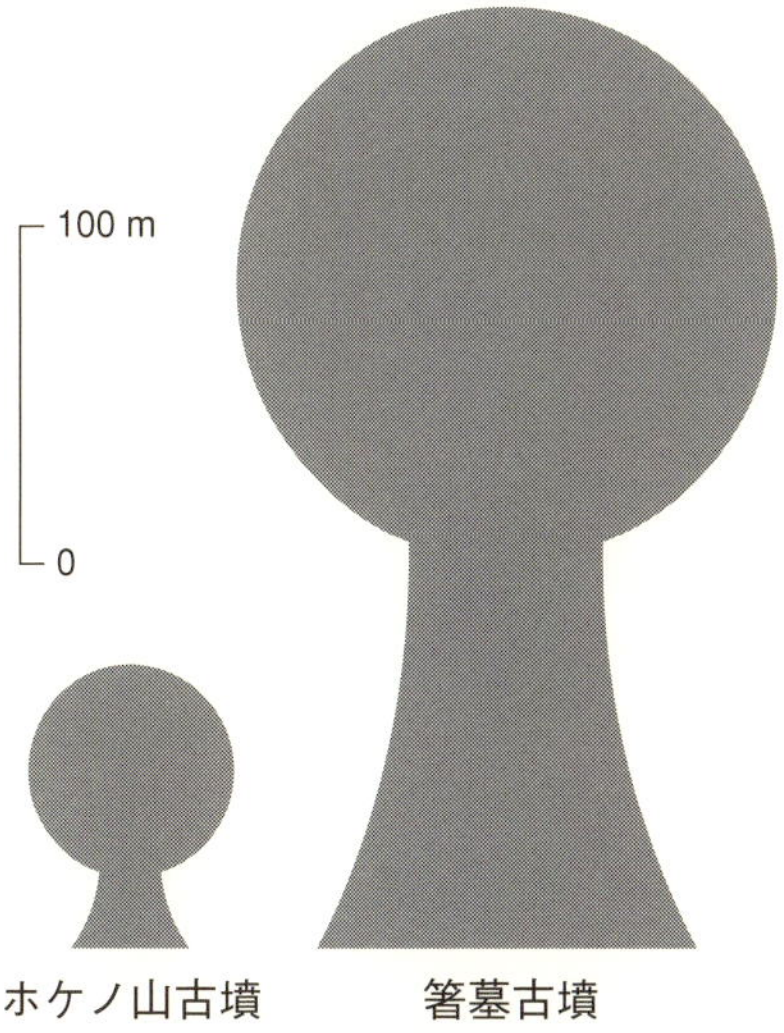

図８・３　墳丘規模の比較（平面形）

纒向地区には、纒向型墳丘墓のみならず、よく知られている弥生の大規模な集落遺跡がある[43]。この遺跡からは、九州から関東にいたる、遠い地域で生産されたとみられる土器も多量に検出されている。各地の人々が集まってくる中核的な「地方都市」あるいは「中継都市」と考えてもよい条件がそろっている。おそらく、地政学的な立地条件が、列島各地からやって来る人々の交流に適していたのであろう。神武天皇が「うまし地」と考えた理由のひとつには、そうしたこともあったのではなかろうか。

前節で、神武政権は大和を拠点とする安定勢力に成長するために、地域内政策に専念してとりくんだ、と書いた。これは当然であろう。いきなり、軍事力で支配者になったといっても、それで万事がうまくいくわけではないからだ。

　安定した地歩を固めるためには、まず在地勢力との融和をはかっていかなければならない。軍事的に屈服したといっても、在地勢力は、長年、地域に根ざして培ってきた伝統的な文化力をうしなっていなかったはずであり、人々に対する、隠然とした影響力を保持していたと考えられる。記紀の伝承によれば、神武天皇〜開化天皇の九代の墓地は、奈良盆地の南部地区（葛城地区を含む）を中心に分布している。一部は、東部や北部にある。つまり、在地勢力の本拠地である、纒向地区を回避しているのだ（図8・4参照）。新勢力としての神武政権と、旧勢力であり原大和勢力との間の、力関係が微妙であって、新勢力が、文化力においていまだ完全支配の段階に到達していなかったことを象徴しているのではないだろうか。

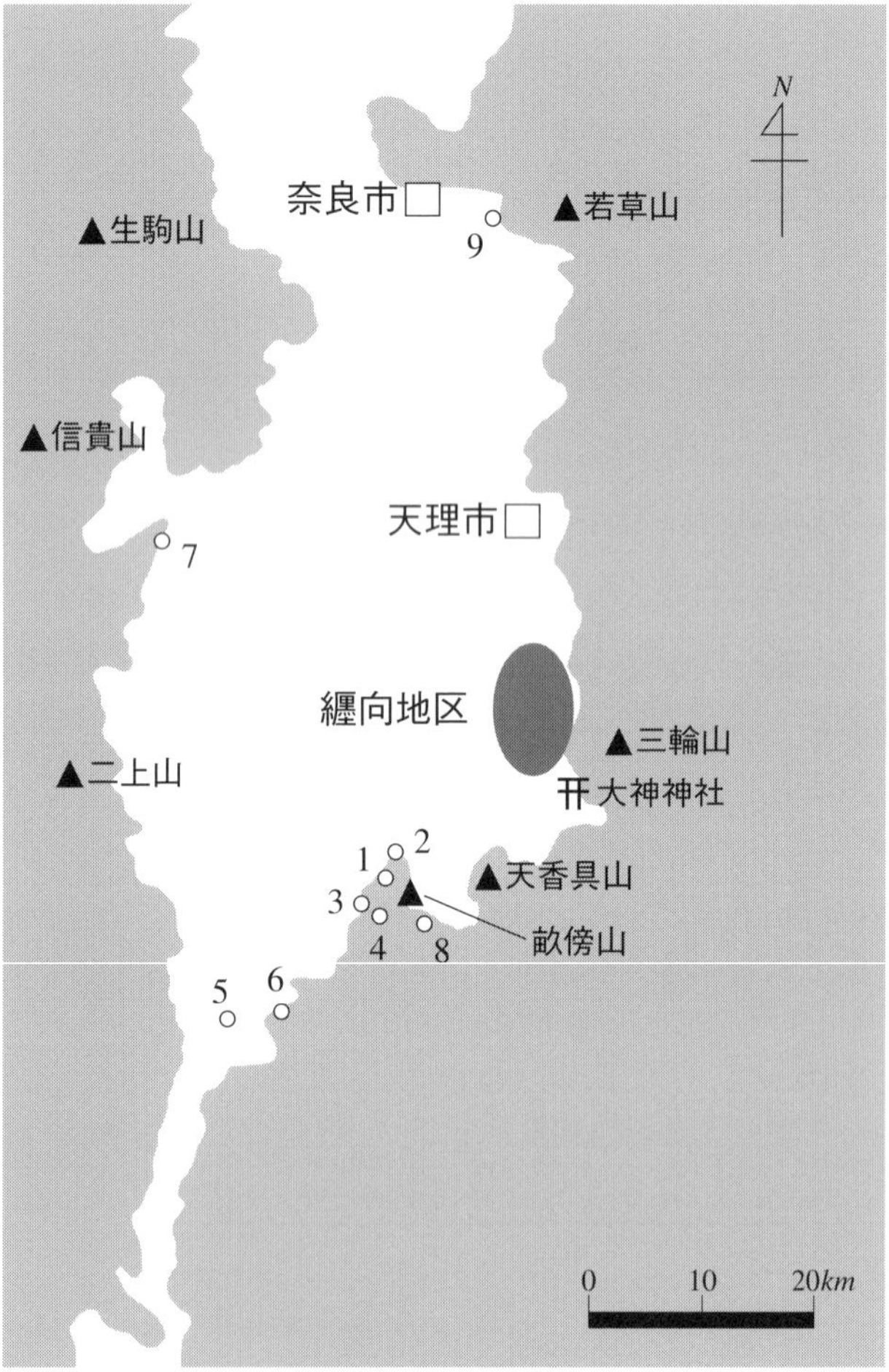

図8・4　神武政権の天皇の墓所
（○が墓の位置。数字は天皇の代位をしめす）

古墳時代像の緻密な再検討をおこなっている北條芳隆氏は、纒向型墳丘墓の被葬者が「在地勢力の代表権者であった可能性を考慮すべきかもしれない」と述べている[25]。

新勢力としての神武政権にとって、大和に安定した地歩を確立したことを、高らかに顕示するには、在地勢力の本拠地である纒向地区に、モニュメントとなる墳墓を築くことだったはずである。この宿願ともいえる事業が実現できたのは、八〇年間という、神武政権の時代が終った後であった。いってみれば、神武政権の八〇年間とは、纒向地区にモニュメントを築くための土台づくりの時代だったと総括してもよいだろう。

箸墓古墳の造営

崇神天皇の時代、纒向地区に、いよいよモニュメントを築く事業がはじまった。箸墓古墳の築造である。四世紀中頃のことである。この墳墓の築造に際しては、そもそもの目的からしてつぎの条件をみたさなければならなかった。

（１）神武政権の系譜につながる、重要人物を祀る墳墓であること。
（２）在地勢力との文化的な融和を象徴するものであること。
（３）纒向型墳丘墓より、隔絶した巨大さをもつものであること。

崇神天皇の祖父孝元天皇の姉と伝えられる倭迹迹日百襲姫は、呪的な権威をもった女性であり、神武政権の系譜につながることは周知されていたはずだ。倭迹迹日百襲姫の墓をつくることは、条件（１）をみたしている。

崇神紀にある、倭迹迹日百襲姫と大物主神の呪的交流の伝説とは、あるとき、神武政権と在地勢力の間における関係に劇的な進展があり、倭迹迹日百襲姫がそれに介在し、重要な役割を演じたことがあった反映なのかもしれない。もしそうだとすれば、倭迹迹日百襲姫の墳墓の築造は、条件（２）も同時にみたすことになる。

記紀は、倭迹迹日百襲姫を、崇神天皇の祖父の姉としるしている。これをそのまま信用してよいかどうかはともかく、系譜上は崇神天皇の上位にあって、大和政権にとってきわめて重要な女性だったという〝核心部〟は信用できるとおもう。

「味酒を　三輪の祝が　斎ふ杉　手触れし罪か　君に逢ひ難き」
——丹波大女娘子——　（万葉集　巻四—七一二）

大神神社の神木の杉をさわったために、罰として、いとしい人に逢えなくなってしまったのかとなげいている、この歌の背景には、大物主神と倭迹迹日百襲姫との説話から発展した民間信仰があったとみられる[51]。説話が、人々によく知られたものだったことがうかがえる。

条件（2）をみたす直截的な方法は、纒向型墳丘墓と外貌が酷似したデザインの墳墓をつくることだった。葬送祭祀の全体をみると、在地勢力のそれとはちがっていた可能性が高いとおもわれるが、墳墓の外貌はつねに衆目を集めるものであって、在地の伝統的文化との「連続性」を視覚的にアピールする効果があっただろう。

条件（3）はとくに重要な要件であって、新勢力が在地勢力を完璧に圧倒していることをしめす必要があるからだ。箸墓古墳は、体積で纒向型墳丘墓の二十倍である。この条件を十分にみたすものであったろう。

纒向型墳丘墓に酷似したデザインをとり入れたといっても、それだけで箸墓古墳がただちに構築できるわけではない。巨大さゆえの土木工学的問題もあり、大和政権じしんの葬送祭祀の伝統にかかわる問題もあったろう。箸墓古墳の築造という巨大プロジェクトは、崇神天皇時代の大和政権の直面していた政治的な課題ともふかい関連性をもっていたはずである。こうした政治的な課題の存在が、物質的な形で箸墓古墳という、葬送祭祀のハードウェアの中に反映している形跡がある。

もちろん、デザインが纒向型墳丘墓のそれを踏襲していることは、そのひとつである。吉備をルーツとする特殊器台型埴輪が、箸墓古墳に採用されている。吉備との同盟関係の反映とみることができよう。発掘されていないのでわからないが、内部の埋葬空間の諸様相についても、纒向型墳丘墓とは大きく異なっているはずである。

巨大な箸墓古墳を築くプロジェクトに秘められた、もうひとつの意図は、前方後円墳方式による葬送祭祀を、政権支配下にくみ込みつつあった、広い地域へ伝播させることであった。箸墓古墳は、大和政権の本拠地に築かれた、新しい葬送祭祀の〝ショーウィンドー〟にかざる、モデル墳墓でもあったのだ。

箸墓古墳は、目にみえる形で、前方後円墳がもつべき基準特性を提示したのである。「定型化」を、視覚的に表現したといってもよい。各地では、これを範として、適宜小型化しながら、墳丘の築造がおこなわれていったと考えられる。

箸墓古墳は、纒向型墳丘墓を単純に大型化しただけのものではない。大型化にともなって、さまざまな要素が新規に導入されている。むしろ、まったく新しい墳墓形式が創出されたと考えた方が適切だろう。すなわち、「前方後円墳」形式の創出である。

箸墓古墳の築造を嚆矢として、時間をおかず、纒向地区につぎつぎと巨大前方後円墳が築かれていった。図6・4にしめされる、崇神陵（行燈山古墳）、西殿塚古墳、景行陵（渋谷向山古墳）などである。すこし南方に、距離をおいてメスリ山古墳や桜井茶臼山古墳なども築造された。これらの巨大古墳も、定型化のショーウィンドーにかざられるべき役割をになっていたとおもわれる。

箸墓タイプ前方後円墳と三角縁神獣鏡

邪馬台国の女王卑弥呼が魏に遣使し、皇帝から銅鏡百面を贈与された話は、本書で何回かとりあげた。この銅鏡百面が三角縁神獣鏡であるとし、これが各地の首長に配布されたという小林説についても、第2章で紹介した。

箸墓古墳と相似な墳形をもつ「箸墓タイプ」の古墳が、比較的近い場所にある。奈良に近い京都南部の椿井大塚山古墳である。三角縁神獣鏡が多量に発見され、小林氏の三角縁神獣鏡研究の契機にもなった古墳である。

もうひとつ、やはり、箸墓タイプの古墳から、三角縁神獣鏡三三面と画文帯神獣鏡一面という、多量の鏡が発見された。箸墓古墳の近隣にある黒塚古墳である。

本書では、新しい年代観を軸とした推論によって、邪馬台国が九州にあったという結論に到達した。三角縁神獣鏡が、魏鏡であれ国産鏡であれ、この結論には影響しないが、箸墓古墳とふかいかかわりがある点はみのがせない。

箸墓古墳は宮内庁が管理している陵墓古墳であって、発掘調査はもちろん、立ち入りもできない。しかし、これだけの状況証拠がそろっているからには、箸墓古墳の石室内にも、多量の三角縁神獣鏡が埋納されているであろう。わたしは、そう信じている。

すでに書いたように、箸墓古墳は卑弥呼の墓ではないし、築造年代も、四世紀中頃ぐらいであろう。崇神天皇という、大和政権「中興の祖」が、それまでの神武政権の悲願を実現する、巨大プロジェクトとして箸墓古墳を築造したのである。

同時に、崇神天皇時代において、大和政権が描いていた、さまざまな構想もこのプロジェクトに盛り込まれることになったとおもう。三角縁神獣鏡は、こうした中で何らかの重要な意味をもつ製品として用いられたと考えられる。

三角縁神獣鏡が箸墓古墳と「縁」のある鏡であるとすれば、大和政権との密接な関係を想定せざるをえない。はっきりいって大和政権の鏡ではないのか。わかりやすくいえば、「大和政権ブランド」の製品だ。ただし、鏡としての格式は、画文帯神獣鏡の方が上位のようだ。黒塚古墳における副葬状態から、棺内と棺外という格差があるからだ。

箸墓タイプの古墳は、椿井大塚山古墳だけではない。福岡県の石塚山古墳や岡山県の浦間茶臼山古墳も、そうである。

この二つの古墳は、前方後円墳が、大和から外に向かって伝播をはじめた、ごく初期段階に築造されたとみてよいだろう。築造年代は箸墓古墳と連動すると考えられるから、もちろん、それぞれ四世紀中頃である。第６章で述べたように、福岡県と岡山県は、図６・７にしめされる前方後円墳の第一派の伝播範囲に含まれる地域である。

前方後円墳による祭祀方式が、崇神天皇時代に大和で創出されたとき、大和の域外でまずこれを導入する必然性をもっていたのは、九州北岸と吉備であろう。神武政権のはじめから一貫して同盟関係を続けてきた勢力の土地である。定型化された前方後円墳の基準特性の中に、吉備起源の特殊器台型埴輪の移入があることを述べたが、九州起源の特性もおなじく何らか形で移入されていると考えたい。

石塚山古墳からは、やはり三角縁神獣鏡が検出されている。「大和政権ブランド」の鏡である。親密な関係を象徴しているのはまちがいない。浦間茶臼山古墳は、残念ながら大がかりな盗掘を被っていたため、発掘調査で三角縁神獣鏡は検出されていないが、必ずあったはずだ。

石塚山古墳と浦間茶臼山古墳は、モデル墳墓である箸墓古墳を範として、いちはやく、積極的に築造された前方後円墳であろうと考える。これらの古墳は、邪馬台国のかすかな残照を感じながら、大和政権を支え続けた同盟勢力の土地にいまなお粛々と遺存しているのだ。

わたしはそう考えて、本書で述べてきた古代探究の旅をしめくくる意味で、石塚山古墳のある福岡県の苅田町を訪れた。

よく晴れた夏の日、福岡空港から約一時間のドライブで苅田町役場に着いた。役場の南側に隣接して石塚山古墳がある。ちょうどこの古墳から東の方向が周防灘であり、海岸までおよそ一キロの距離であるが、古代の海岸は、古墳の直下までせまっていたという。

前方部を真東に向けているので、葺石で覆われた墳丘が朝日に映えてきらきら輝くさまを船からながめたとき、まばゆいばかりの幾何学形状をした「ピラミッド」であったろう。彗星のように勃興しつつあった大和政権の存在感を、これほど印象づけることのできたモニュメントはほかにありえなかったとおもう。

各地の前方後円墳を訪れたときに、わたしは可能であれば必ず墳頂を歩いてみることにしている。石塚山古墳は、前方部上に浮島神社が鎮座している。前方部前面に石段があり、上りつめると、ちょうどくびれ部頂あたりに、近年整備された真っ赤な拝殿が設けられていて、背後の後円部頂に向かって拝礼する形になっている。

拝殿のうしろにまわりこんで、後円部周辺の墳丘各部も歩いて検分してみた。葺石があちこち散乱していて、墳丘はかなり損壊しているものの、全体として二段築成の前方後円形がしっかり保たれていることは、よくわかった（図8・5）。

図8・5　福岡石塚古墳の後円部現状
（西側から撮影）

苅田町歴史資料館発行の資料によれば、墳丘長約一一〇メートル、九州最大の古式前方後円墳とされている。資料館に展示されている実測図をみたところでは、たしかに箸墓タイプの墳形であることが確認できる。ここから出土した三角縁神獣鏡七面は、重要文化財に指定されているという。

石塚山古墳は、現在では海岸から遠くなり、町中にひっそりとした佇まいをみせるのみであるが、築造時は、大和政権の権威を象徴するモニュメントとして、周防灘に先端的な異彩を放っていたであろう。ちょうど四世紀中頃、崇神天皇の時代である。

浮島神社の社殿を背後にして、周防灘に向かって石塚山古墳の前方部頂に立ったとき、実感として、そういう原風景が目に浮かんできたのである。

石塚山古墳の東南約二キロ、国道一〇号線に沿って北向きに築造されているもう一つの大きな前方後円墳がある。御所山古墳である。前方部の墳頂には白庭神社が鎮座する。墳丘長は石塚山古墳とほぼおなじぐらい（一一九メートル）であるが、築造年代は五世紀代に下る。周濠を付帯する北九州屈指の中・後期型前方後円墳であって、被葬者は国造クラスとみられている。石塚山古墳の被葬者の系譜につながる後継の首長であったろう。

箸墓古墳にかかわりをもつ、という推測が起点となって、石塚山古墳を訪れることになった。偶然ながら、わたしの古代探究の道程をふり返り、体感的にたしかめる機会にもなった。短い旅だったが、学ぶことは多かった。

終　章　はるかなる古代 ― 探究の歩みと展望 ―

邪馬台国を数理で読み解く、という目標をかかげて本書を書いてきた。数理とは、本文中でも述べたように数値情報を重視した歴史の読み方をいう。

魏志倭人伝という基本史料に加えて、わが国の史書である記紀も、邪馬台国を読み解く上で欠かすことのできない史料である。

わたしには、記紀の古代記事が荒唐無稽なものとは考えられず、まぶされた粉飾をとりはらえば、それなりに史実の片鱗はみえてくるとおもっていた。しかし、粉飾をどうすれば合理的にとりはらえるのかは、長い間わからなかった。

一方、記紀とのたしかな接点として、前方後円墳という古代のモニュメントが存在しているという事実だけは、はっきり認識していた。これを追究することによって、問題解決の手がかりが得られるという期待感もあって、形態研究を続けてきたわけである。

記紀との明確な接点をなす前方後円墳とは、いわゆる天皇陵である。もちろん、本文中で述べたように、陵墓古墳の治定に関する疑義もあって、必ずしも古代天皇とその陵墓とみられる古墳が、単純に一対一に対応がつくというわけではない。あれこれと、逡巡する歳月がすぎていった。

ある日、転機が訪れた。一対一に対応がつかなくてもよい、天皇の実在と陵墓の実在が、ともに認められているもっとも古い天皇はだれか、ということが、問題を解く鍵になると考えるにいたったのである。

崇神天皇である。

崇神天皇とはいつ頃の天皇なのかという、年代の問題が最初の関門になった。巷間、暗黙のうちに常識化している崇神天皇の崩年は三一八年という年代観が、はたして適正なのか、その根拠について以前からぼんやりとした疑念をもってはいた。第3章で詳述したように、この年代観とは、古事記が伝える崇神天皇の干支崩年・戊寅年に対して、文脈を無視してピンポイントで三一八年という西暦年をあてはめた結果にほかならない、と考えるにいたったのである。

それでは、崇神天皇の崩年は、ほんとうのところ、いつ頃と考えるべきなのか。

この問題を解くには、信頼できる後代の天皇の崩年データにもとづいて、外挿的に推定する方法しかない。一般論からすれば、こういうことをやるためには、適正な数理モデルを導入する必要があるわけであるが、いま直面している問題の場合に、そもそも数理モデルがありえるのか、という根本的な疑問がわきおこったのは事実である。

成功率はかなり低いだろう。失敗覚悟の上で、とりあえず数理モデルを追究してみよう、ということで、あれこれ試行錯誤しているうちに、本書の崩年モデルに到達したのである。

最初は半信半疑であったが、具体的に天皇の崩年データと照合してみると、おどろくほど良好な一致が得られることが判明したのである。ひとつの関門を突破したのである。

この結果、崩年モデルによって、記紀における初期天皇の崩年を修正し、新しい年代軸を設定することができた。さらに、崩年モデルを三韓の王朝にも適用して、三国史記の年代軸も再構成することができたのである。

年代軸を再構成してみると、崇神天皇は四世紀中頃の天皇であるという、重要な知見が得られるとともに、記紀の主要な古代記事の史実性が、鮮明になってきたのである。

これには、三韓の王朝史、とくに新羅本紀や百済本紀との整合性が、飛躍的に高まったことが大いに役立っている。年代軸を再構成することによって、いままでぼやけていた古代が、はっきり見えるようになってきたのである。視力に合った新調の眼鏡で、周囲を見わたしたときのように、である。まさに、年代という数値情報が、記紀をおおっている粉飾の一面をとりはらったといえよう。

本書は、全体としてみると、新しい視点にもとづく邪馬台国九州説の展開ということになろう。しかし、これはあくまで結果論である。記紀の年代を再構成した上で、実証的に推論をすすめていくと、邪馬台国を九州としなければ矛盾がおこるからだ。推論の過程において、前方後円墳の研究から得られたいくつかの数理的な知見も大いに役立っている。しかし、邪馬台国を数理で読み解くという大目標は、本書だけではいまだ十分には達成できてはいない。日本古代には、解けない多くの謎が残っているからだ。

謎のひとつは銅鐸である。広域な分布状況が考古学によって明らかになっている反面、弥生時代の墳墓や集落からいっさい検出されないことや、記紀にその伝承がみあたらないことなど、まさに謎を秘めた不思議な遺物である。考古学における銅鐸研究のさらなる深化に期待したいし、数理がはたす役割があるかどうかも考えてみたいとおもう。

そのほかにも、邪馬台国にかかわるとみられる多くの謎が残っている。こうした謎の解明にあたって、数理的な方法が何らかの貢献をはたす可能性にも期待したい。

本書を書くにいたったわたしの研究をふりかえってみると、自分ながら数奇な道をたどってきたものだ、という思いを禁じえない。情報工学という工学的研究をすすめる中で、前方後円墳に遭遇し、そこから古代の謎に関心をふかめていくことになったのである。

前方後円墳の研究では、上田宏範先生に考古学の「いろは」から教えていただいた。ふかい学恩を感じている。上田先生は、二〇〇七年二月に逝去された。もはや、本書の講評をいただくこともできない。紙面を借りて、先生のご冥福をお祈りする次第である。

本書の執筆にあたって、多くの方々から資料提供や有益な討論をいただいた。畏友及川昭文氏からは、間断のない激励をいただいた。ここで、ご支援を賜った各位すべてのご厚意にあらためて深甚の謝意をあらわしたいとおもう。

雄山閣の久保敏明氏には、出版にあたって大変お世話になった。末筆ながら御礼を申しあげる次第である。最後に、本書に述べた内容の一部は、文部科学省の研究助成（科研費・基盤研究Ｂ）によって行われた研究の成果であることを付記しておく。

著　者

参考文献

［1］『稲荷山古墳出土鉄剣金象嵌銘概報』、埼玉県教育委員会編、一九七九。

［2］斎藤　忠・大塚初重『稲荷山古墳と埼玉古墳群』、三一書房、一九八〇。

［3］笠井新也「卑弥呼即ち倭迹迹日百襲姫命（1）」『考古学雑誌』一四巻七号、一九二四。

［4］小澤一雅『前方後円墳の数理』、雄山閣、一九八八。

［5］井上光貞（監訳）『日本書紀　上』『日本書紀　下』、中央公論社、一九八七。

［6］森　浩一（編）『天皇陵古墳』、大巧社、一九九六。

［7］小林行雄『古墳の話』、岩波新書、一九五九。

［8］井上光貞『神話から歴史へ（日本の歴史1）』、中央公論社、一九六五。

［9］安本美典『神武東遷』、中央公論社、一九六八。

［10］門脇禎二『邪馬台国と地域王国』、吉川弘文館、二〇〇八。

［11］平野邦雄『邪馬台国の原像』、学生社、二〇〇二。

［12］弘中芳男『古地図と邪馬台国―地理像論を考える―』、大和書房、一九八八。

［13］内藤湖南「卑弥呼考」『内藤湖南全集　第七巻』、筑摩書房、一九七〇。

［14］梅原末治「応神・仁徳・履中三天皇陵の規模と造営」『書陵部紀要』5、一九五五。

［15］梅原末治『佐味田及び新山古墳研究』、一九二一（名著出版、一九七三）。

［16］小林行雄『古墳時代の研究』、青木書店、一九六一。

［17］森　浩一「日本の古代文化―古墳文化の成立と発展の諸問題―」『古代史講座3　古代文明の形成』、学生社、一九六二。

〔18〕福永伸哉『三角縁神獣鏡の研究』、大阪大学出版会、二〇〇五。
〔19〕橋本増吉『東洋史上より見たる日本上古史研究』、東洋文庫、一九五六。
〔20〕和田萃『大系日本の歴史2―古墳時代』、小学館、一九八七。
〔21〕末松保和『日本上代史管見』、(自己出版)、一九六三。
〔22〕次田真幸(訳注)『古事記(中)』『古事記(下)』、講談社、一九八〇。
〔23〕米田雄介(編)『歴代天皇年号事典』、吉川弘文館、二〇〇三。
〔24〕小山修三『縄文時代』、中央公論社、一九八四。
〔25〕北條芳隆・溝口孝司・村上恭通『古墳時代像を見なおす』、青木書店、二〇〇〇。
〔26〕T・マルサス『人口論』、中央公論社、一九七三。
〔27〕陳　寿(今鷹真・小南一郎訳)『三国志4』、筑摩書房、一九九三。
〔28〕沢田吾一『奈良朝時代民政経済の数的研究』、冨山房、一九二七。
〔29〕歴史研究会・日本史研究会(編)『日本史講座(1)』、東京大学出版会、二〇〇四。
〔30〕末永雅雄『日本の古墳』、朝日新聞社、一九六一。
〔31〕末永雅雄『古墳の航空大観』、学生社、一九七二。
〔32〕上田宏範『前方後円墳』、学生社、一九六九。
〔33〕今坂敏宏・小澤一雅「前方後円墳の立体形状(高さ)の統計的推定」、『情報処理学会研究報告』、2004-CH-62、二〇〇四。
〔34〕中井正弘『仁徳陵―この巨大な謎』、創元社、一九九二。
〔35〕小沢一雅「前方後円墳の形態研究とその計数的方法の試み」、『考古学研究』二五巻二号、一九七八。
〔36〕石川　昇『前方後円墳築造の研究』、六興出版、一九八九。

［37］小沢一雅「前方後円墳の段築比に関する数量的分析」、『情報処理学会研究報告』、2006-CH-71、二〇〇六。

［38］佐賀県教育委員会（編）『環濠集落吉野ヶ里遺跡概報』、吉川弘文館、一九九〇。

［39］田中　琢『日本の歴史②　倭人争乱』、集英社、一九九一。

［40］西嶋定生「古墳と大和政権」、『岡山史学』一〇、一九六一。

［41］都出比呂志（編）『古墳時代の王と民衆』、講談社、一九八九。

［42］近藤義郎『前方後円墳の時代』、岩波書店、一九八三。

［43］石野博信『古墳文化出現期の研究』、学生社、一九八五。

［44］寺沢　薫「古墳出現の社会的背景―とくにその内在的契機について―」、『季刊考古学』五二号、一九九五。

［45］奈良新聞「最古の前方後円墳―桜井のホケノ山古墳」（二〇〇〇年三月二八日）

［46］近藤義郎（編）『前方後円墳集成（近畿編）』、『前方後円墳集成（中国四国編）』、『前方後円墳集成（九州編）』、『前方後円墳集成（関東東北編）』、山川出版社、一九九二。

［47］金　富軾（井上秀雄訳注）『三国史記1』『三国史記2』、平凡社、一九八〇。

［48］高　寛敏『『三国史記』の原典的研究』、雄山閣、一九九六。

［49］武光　誠『大和朝廷と天皇家』、平凡社、二〇〇三。

［50］岡田康博「円筒土器文化の巨大集落―青森県三内丸山遺跡―」、『季刊考古学』五〇号、一九九五。

［51］犬養　孝『万葉の旅（上）』『万葉の旅（下）』、平凡社、二〇〇四。

●本文中の図版として用いている古墳実測図は、文献［31］のほか、『岡山県史』、『継体天皇と今城塚古墳』（高槻市教育委員会）などにある原図を一部改変して利用させていただいた。

干支年一覧表

干支	相対年	干支	相対年
甲子（きのえ・ね）	1	甲午（きのえ・うま）	31
乙丑（きのと・うし）	2	乙未（きのと・ひつじ）	32
丙寅（ひのえ・とら）	3	丙申（ひのえ・さる）	33
丁卯（ひのと・う）	4	丁酉（ひのと・とり）	34
戊辰（つちのえ・たつ）	5	戊戌（つちのえ・いぬ）	35
己巳（つちのと・み）	6	己亥（つちのと・い）	36
庚午（かのえ・うま）	7	庚子（かのえ・ね）	37
辛未（かのと・ひつじ）	8	辛丑（かのと・うし）	38
壬申（みずのえ・さる）	9	壬寅（みずのえ・とら）	39
癸酉（みずのと・とり）	10	癸卯（みずのと・う）	40
甲戌（きのえ・いぬ）	11	甲辰（きのえ・たつ）	41
乙亥（きのと・い）	12	乙巳（きのと・み）	42
丙子（ひのえ・ね）	13	丙午（ひのえ・うま）	43
丁丑（ひのと・うし）	14	丁未（ひのと・ひつじ）	44
戊寅（つちのえ・とら）	15	戊申（つちのえ・さる）	45
己卯（つちのと・う）	16	己酉（つちのと・とり）	46
庚辰（かのえ・たつ）	17	庚戌（かのえ・いぬ）	47
辛巳（かのと・み）	18	辛亥（かのと・い）	48
壬午（みずのえ・うま）	19	壬子（みずのえ・ね）	49
癸未（みずのと・ひつじ）	20	癸丑（みずのと・うし）	50
甲申（きのえ・さる）	21	甲寅（きのえ・とら）	51
乙酉（きのと・とり）	22	乙卯（きのと・う）	52
丙戌（ひのえ・いぬ）	23	丙辰（ひのえ・たつ）	53
丁亥（ひのと・い）	24	丁巳（ひのと・み）	54
戊子（つちのえ・ね）	25	戊午（つちのえ・うま）	55
己丑（つちのと・うし）	26	己未（つちのと・ひつじ）	56
庚寅（かのえ・とら）	27	庚申（かのえ・さる）	57
辛卯（かのと・う）	28	辛酉（かのと・とり）	58
壬申（みずのえ・たつ）	29	壬戌（みずのえ・いぬ）	59
癸巳（みずのと・み）	30	癸亥（みずのと・い）	60

著者紹介

小澤 一雅（おざわ　かずまさ）
1942年大阪市生まれ。大阪大学基礎工学部卒業。同大学院修了（工学博士）。専門は情報工学（パターン情報学）。30代のはじめ、情報工学の視点から前方後円墳の形態研究に着手。以来、古墳と日本古代に関心をもちつづけている。近年、フラクタル幾何学にも興味をおぼえ、情報学における新たな可能性を考えている。著書・訳書7篇。趣味は古寺探訪と水彩画。大阪電気通信大学教授。

平成21年10月25日　初版発行　《検印省略》

卑弥呼《ひみこ》は前方後円墳《ぜんぽうこうえんふん》に葬《ほうむ》られたか　—邪馬台国《やまたいこく》の数理《すうり》—

著　者　小澤 一雅
発行者　宮田哲男
発行所　㈱ 雄山閣
〒102-0071　東京都千代田区富士見２－６－９
電話：03-3262-3231㈹　FAX：03-3262-6938
振替：00130-5-1685
http://www.yuzankaku.co.jp
組　版　岩﨑　忠
印　刷　亜細亜印刷株式会社
製　本　協栄製本株式会社

Printed in Japan 2009
ISBN 978-4-639-02106-3 C1021